The Difference Keeps Love Fresh

差异的爱情才保鲜

一本两性和谐相处、保持美满婚姻的"幸福书"

夏景◎著

重庆出版集团 重庆出版社

图书在版编目（CIP）数据

差异的爱情才保鲜 / 夏景 著. – 重庆:重庆出版社，2011.4
ISBN 978-7-229-03877-9

Ⅰ.①差… Ⅱ.①夏… Ⅲ.①爱情—通俗读物
Ⅳ. ①C913.1-49

中国版本图书馆 CIP 数据核字（2011）第 042897 号

差异的爱情才保鲜

CHA YI DE AI QING CAI BAO XIAN

夏景　著

出 版 人：罗小卫
策　　划：华章同人
特约策划：李家晔
责任编辑：刘学琴
特约编辑：刘美慧
责任印制：杨　宁
营销编辑：田　果　闫国栋
封面设计：纸上魔方

重庆出版集团
重庆出版社　出版
（重庆长江二路 205 号）

三河九洲财鑫印刷有限公司　印刷
重庆出版集团图书发行公司　发行
邮购电话：010-85869375/76/77 转 810
E-mail：bjhztr@vip.163.com
全国新华书店经销

开本：880mm×1230mm　1/32　印张：8.25　字数：187千
2011年6月第1版　2011年6月第1次印刷
定价：26.80元

如有印装质量问题，请致电023-68706683

前言

差异的爱情，激发混搭乐趣

我常说，差异引起好奇，差异产生欲望，差异更激发爱情。

如今，混搭正流行，也将成为爱情中的时尚。所谓"混搭"，就是将风格不同、差异很大的东西，包括人，搭配在一起，营造出让人赏心悦目的效果。这个时代，无论穿的用的玩的，还是男女搭配，都流行着一股混搭风。这种混搭就是差异化，它体现的是时代的进步、人心的包容、视野的开阔、文化的交融。正如差异的爱情，不再拘泥于自己的观点和门第，不再局限于传统的经济条件和个性色彩，而是迈向了更广阔、超乎个人情感的大世界。

我的一个朋友小米，在新年给我寄来了喜糖。她的男朋友是个西北小伙子，叫大龙，在老家相亲屡屡碰壁，不是他看不上别人，就是别人看不上他。有人告诉他，去南方打工吧，一来那里的姑娘多，二来可以多赚点钱。

大龙到广东没两个月，就遇见了小米，标准湖南姑娘，很有灵气，又活泼开朗，有着一双水汪汪的大眼睛，说话像个小喜鹊般动听。和一般腼腆含蓄的西北女孩子不一样，小米让大龙惊讶而激动。而大龙呢，则和小米熟悉的湖南男人也完全不同，他高大踏实，沉默少语，干活儿又认真卖力，是个让人放心的汉子。两人一见钟情，很快就谈婚论嫁和领证，新年回老家办喜事。

这是典型的地域差异，带来性格和长相的差异，然后相互吸引。在广东这样打工者众多的地方，类似小米和大龙的故事，每天都在发生着。

相同地方的人走到一起容易，不同地方的人走到一起融合后更长久。当然，男人和女人走到一起，不可能仅仅局限于地域的不同，只能说，不同地方造就了不同的人格特质，当他们遇到一起时，就会因强烈的新鲜感，而带来互相吸引的魅力。

矛盾并不是坏事，相互矛盾而又能取长补短的人，往往彼此之间有着致命的吸引力。总喜欢与人拉开距离的男人，会喜欢上乐于牺牲、善解人意的女孩。而严守规则、活得束手束脚的女孩，则很容易爱上积极活跃、喜欢拥抱新事物的男子。

说穿了，这就是一种"补偿心理"，所谓缺什么找什么，符合心理学上的互补效应原理。

正如高个的男生，总是留意娇小玲珑的女生；从小受穷的灰姑娘，特别惦记富二代；蛤蟆哥总想追天鹅妹；"牛粪"专等"鲜花"一类……

就像一个完整的圆，爱寻找它缺失的角，我们一生也在弥补自己的缺点，追求完美的自己。潜意识中，对差异互补的渴望，也许正是为了体现在伴侣身上，寻找我们缺少的那一半；或是有一个隐约的希望，总是激励我们向上的冲劲。

影视剧中，《泰坦尼克号》中循规蹈矩的淑女对放荡不羁的浪子很有感觉，感受到了她从未被激发出的热情，她向往着从来也不敢尝试的生活：做独立的个人、从来不怕失去自我、任性而自由。率性随意的男生，自小到大，从未曾体会过被信赖、被细心地照顾、无条件地陪伴。而且，她甘于退居幕后，只是源源不断地，散发出爱的味道。

沉默理性的王子，自有一套生活的法则。他总是稳重、坚持、前后一致，很小的时候，就有强烈的责任感，从不会打翻牛奶，更不会撒谎骗人。他一出生，似乎就能被人信任，他热爱纪律制度，必须依循规章，才能安排工作和生活。偏偏这样的男人，爱上的总是生活多姿多彩、性格活泼冲动、爱慕虚荣的女郎。她从不认为迟到有什么了不起，在人群中，她只喜欢做焦点，如水仙花一般自恋、喜欢冒险、活力充沛地去做每一件事——只要不是太难太费时间。

恋爱中，这些性格和各方面差异很大的男女，因着截然不同的魅力点，还真是有那么一点"火星男"与"金星女"的感觉呢。

不过，差异让爱情保鲜的前提，只在于彼此准备好接纳另一个人，接受他的不同和不足，认真看待他与自己的不同，并且愿意了解他、善待他，从对方身上，找到自己乐于学习的特质，并加以发展，那么你们就是春光灿烂的一对。

有人会说，恋爱是城堡，婚姻是坟墓，这也指出了爱情不同阶段的差异。进入婚姻后，爱情的新鲜感，往往会发生很大的变化。如果不能像从前那样，接受不同的差异，不能彼此尊重和融合，常常会让婚姻陷入困境。

例如，独立不羁的浪子，最怕的是被人依附，结婚也不能阻止他坚持自由的个性，偏偏女方对爱的渴望与日俱增，因为害怕失去，所以紧紧抓住不放。这样一来，两种对立的个性，极易形成尖锐的矛盾，造成各种误会和猜忌。

有板有眼、一丝不苟的马哥家在北京，结婚后，他变得更注重细节，吹毛求疵，自以为是，权力欲大涨，让性格轻松简单的梅子渐渐喘不过气来。他们生活中没有了花样百出的精彩片断，剩下的只是一成不变的黑夜白天。马哥还十分吝于赞美，生怕宠坏了梅子。这让天性好动、活泼开朗、感性的梅子感到沮丧，迫不得已时，她也会发起强烈的攻击。于是，双方失去了取长补短的机会，甚至形同陌路，离离婚也就不远了。

在爱情中，差异是不可或缺的条件。它不仅表现在不同的性格、经历、收入、地位、家庭环境甚至国别上，还表现在命运、奇迹、偶然、偏见等说不清、道不明的非人为因素上。婚后，很多人没有保持差异的新鲜感，没有尝试更宽广的爱情方式，彼此失去了吸引力和好感，那么，他们的婚姻很难持久。

有人说，在《红楼梦》中，真心相爱的，比方贾宝玉、林黛玉，都落了个散场的结局，反倒是袭人，遇到了蒋玉菡，夫唱妇随互混互搭，总算是团圆的结局。

差异带来好奇，差异激发爱情，差异的爱情才保鲜，不分年龄，不分长短，只在乎爱情的品质。在漫长的生活中，男人和女人之间保持着对这份差异的尊重和理解，不仅能让爱情长久保鲜，而且收获的，不止是幸福，更是混搭的乐趣。

夏景

目录

第二章　女痴男迷，爱在新鲜神秘 /047

一千个人，就会有一千种爱情。我们无法分清自己的爱情属于哪一种，但有一点是共同的：男人的爱情保鲜期短，女人的爱情保鲜期长；女人会为爱情死去活来，男人想的更多的是重整山河待后生。

第三章　好男用心"种"，好婚自主张 /095

男人用自由来赢回爱情，而女人却用生命经营爱情，再用爱情来牵制男人、管理男人。虽然缰绳攥在女人的手里，但是却永远不能像男人那样把爱情驾驭得轻松自如，所以女人难免会抱怨着吆喝男人，希望把男人驯服。殊不知，男人其实就是女人手中的风筝，女人只需要握好这根线啊。

第四章　女人有气场，自信就是魔方 /137

　　分手和变心，只能说明现代男女活动空间比以前更大，可以选择的品种和口味更多了。自信的女人就有气场，适时分开，正是爱神帮忙，它为女人们保留了享受真正爱情的权利，也激发了我们学习爱的能力。

爱情不可能总是一帆风顺，人生境遇会发生各种变化，感情则会进入不同的层次。"王子与公主从此过上了幸福的生活"只是童话，真相则是，公主和王子一起经历了风风雨雨后，她对爱情有了更深的了解与体悟，有了感恩，懂得爱情的保鲜法，幸福就会一路相随。

第一章

爱得最从容，尊重彼此差异

差异引起好奇，差异产生欲望，差异更激发爱情。法国心理学家吉拉尔·博内指出："我们只有面对一个与自己不一样的人时，才会产生爱情的眩晕。"男女之间存在的种种差异，正是产生爱情的源头之水。

爱情里的杂质

——任何事都不完美，重要的是对待杂质的态度

一帆风顺的爱情固然美丽，但更多的男女，却是在情路坎坷中蹒跚前行的。当情感对决现实，困难重重时，不由不让人发问，好好的爱情，为什么竟会如此复杂？

小艾，24岁，男友是北京人，父母地位也比较高。而她，不过是一个外地来北京上大学、毕业后留在了北京继续寻梦的人而已，而且公司有安排，她只能去广州驻扎。

两人都知道，再好的感情，也抵不过时间和空间的距离，何况，这份感情才刚刚开始。小艾只能说还是分手吧。到了这个时候，她才发现，自己才是无法放手的那个人。

那个冬天，她不听家人的劝阻，甘愿接受公司的惩罚，辞职，飞回北京。

生活在期待中展开，小艾准备重新找工作，两人一起吃饭、看电视、聊天、上网。直到有一天，男生哭着对她说，父母不接受这份感情，因为她的条件太差。

小艾这才发现，自己太单纯了，可需要承受的，却是世俗的险恶。她不禁要问，美好的爱情，为什么会有这么多的杂质？

其实，杂质一直存在于爱情之中。

因为现实并不单纯，往往杂质多多。爱情，只是现实之一种，

正如同皮与毛的关系。

有杂质？没有关系。要意识到：重要的是对待杂质的态度。

同样是面对失恋，有的人自暴自弃，一蹶不振，与旧情人反目成仇，甚至报复杀人；有的人则默默忍受，尊重他人和自己的感情。两者之间，人格顿分高下。

遇到厄运，不苛责、不极端、不消沉，用最快的方式，说服自己坚强地站起来。什么是素质，这就是了。

我相信人的素质是有差异的，素质好的人，既能承受大苦难，也能承受大幸运；而素质差的人，则很可能兼毁于两者。

说到"单纯"，这真的只是一厢情愿。因为在人的天性里，不乏黑暗、复杂、阴影等杂质，所以我们才会这么容易绝望、悲伤、痛苦、仇恨，甚至愚蠢。

没有杂质的心灵并不存在，我们展示给爱人看的，多是自己光鲜体面、精致可人的那一面，还有另一面，被我们深藏起来，不与人道。

可它终究还在那里，一不小心，就露出了狐狸的尾巴。需要付出更多的慈悲，才能爱上彼此的脆弱、无助、自私、贪婪、胆怯、荒唐——何其难也！

真能做到这些，就是人们所赞美的"成熟爱情"了。所以，成熟的爱情，不是没有杂质，而是历经风霜雨雪后，才能结出圣果。

能渡过难关恩爱愈恒，当然最好。不能，则要觉醒坚强，至少让下一段爱情，不重蹈覆辙。

情感中的任何一次不顺，都是一笔财富，它教给人很多，会让一个单纯的女孩子瞬间长大，变得更加勇敢、坚强、知性，并激发出新的生命力。

爱情无常，命运多变，正如杂质泛滥的人性带给爱情的打击。此时此刻，平和宽容的心态，不仅能拯救自己，也泽及他人。

爱的最高级

——爱自己才能爱他人，没有附加条件

不知从什么年龄开始，人们大抵都会相信一种说法：女人是爱和感性的动物，没有了爱情，就如行尸走肉。

生活中亦常见拿爱情当信仰的女人，卿卿我我之时，自然风光得意，可惜世事从来不会一帆风顺，求爱求到极致者，竟也会走火入魔，导致悲剧发生。

某年，《体育周报》一位女编辑跳河自杀；不久，贵州一电视台女主持人也自杀身亡。据悉两人都是因为和丈夫的感情问题而走上了不归路。

同一年，因不堪受丈夫婚外情折磨，泸州市一个体户女子，一怒之下用刀刺向丈夫的情人，后被判 11 年有期徒刑。

这个世上，为爱走上绝路的女人还真是不少。这几桩事情，有些令人心碎，但更多的是人们茶余饭后的谈资，谁都不会放在心上。

有位叫忘川的女子给我写信说，自己成长于一个不幸的家庭，父母感情不和，长年打闹。她十五岁时，就曾因家庭矛盾自杀过。工作后，找了一个比她大十来岁的男友，两人在一起六年多，在一起更多是因为习惯，并没有多少快乐。尽管饱受委屈，却并没有想

过分开。直到最近，她发现男人有了新欢，想到这些年的付出，忘川又伤心又愤怒，居然买好了刀和毒药，打算杀死那个女人，然后自杀。

这是一封令人痛心的邮件，让我们看到了爱的阴暗面。

少年时的忘川，果真是缺乏爱的。因父母之间的问题，使小小年纪的她，无从感知到真正的爱到底是什么，又能给人以怎样的温暖和勇气。所以，她才会一方面那么渴望爱，另一方面却又如此畏惧爱。

少年时期的缺憾，难以弥补，现在的她，已到而立之年，是否需要仔细想想，这么多年，对爱的理解，有多少是未知的、被蒙蔽了的？

感情一旦不顺，就会以死相拼，如此偏激的行为，根源到底在哪里？

做人做事，应该尽力而为，可无论怎样尽力，都该留有余地。爱，也是同样，无论爱别人，还是被他人所爱，尽力之外，所留的那个余地，便是爱自己了。

大儒说，爱人如爱己。

《圣经》说，爱邻居如爱自己。

为什么这么说？

因为爱自己，才是爱的最高级，它不是一般级，也不是比较级。"爱自己"，在一些宗教中，甚至会是一条诫令——只有爱自己的人，才能明白爱究竟是什么，也才会更好地爱别人。

人对自己的爱，是不会讲条件的。即便世人都认为你丑、你穷、你性格乖张、你自私自利，可是只要爱自己，你就会生活得理直气壮，毫无畏惧。

爱自己，就不会勉强自己接受不般配的爱情，就会相信自己，定能配得上更好的男人，也会享受到更好的情欲。

爱自己，心灵也才会平静：即便人生的方向还没有明确，即便美好的爱情已然逝去，即便付出要比得到的更多……可是因为爱自己，自会找到心灵的支点，会相信身为好人，幸福没有理由不光顾自己。再大的灾难，也打不垮你，再丑陋的人、事，也能让你看出虚妄可笑。

是的，爱自己的人，无论在怎样的处境下，都有那么一些优越感，不会因为失去了某一个人，就认为自己失去了整个世界；也不会因为遭遇不公，就怨恨不已，哀叹生不如死。

会爱自己的人，才能好好地爱世间其他的一切：一个家，一份工作，一朵花，一本书，一次旅程，一份美食，一次转弯，还有，一个人。

而不爱自己，则是一件很恐怖的事情。不仅会让一个女人爱得极端、要死要活、邋遢、胆怯、放纵、无所事事、害怕寂寞、无法自足，而且，还会完全无视自己的生命价值，甚而想到自杀——这是最不爱自己的表现。

是的，忘川所缺乏的，只是爱自己的那点勇气和能力。

宁愿花那么多的时间、精力、感情，去为一个不值得爱的男人，要死要活，也不愿意花费一点力气，去疼爱自己。

多可惜呀。

我想说，爱就是爱，并没有其他附加条件。同样，不爱就是不爱，也没有其他的附加条件。

相亲和拼图

——硬拼的爱情，是拼不到一起的

玩过那种拼图片游戏吗？乱糟糟的一千多块，形状颜色都差不多，根本看不清楚端倪，可偏偏考验人的耐心，要把它们合乎逻辑地拼成一幅完整的图画。

像不像是在相亲？

条件、背景、学历、年龄等都差不多的男女，一次次地对比、衡量、拿捏、目测、心测、颠倒、拼凑……只为找到某一块能契合得天衣无缝的拼图。

往往有这种情况，无论从哪方面讲，看起来都很合适的，单单就不是你需要的那一块。不是斜处多了一毫米，就是直角缺了那么一点点。硬拼，肯定是拼不到一起的。不仅拼不对眼前这一块，还会影响到全局的完整。

拼不到一起，说明你拿错了东西。换一张再拼就是。

急是急不来的。

尤其在爱情这个问题上，不应该太辛苦。命里注定是你的，得来也全不费功夫。

烦恼太多？请速速知难而退。

痛不欲生？赶快刹车，一定是爱错了对象，尽早回头，另觅佳偶才为上上之策。

身高、收入、学历、家庭条件……各方面都很好，可就是无法亲密？无诚意，条件再好也等于零。还想感化他？噫，尽快去找他人娱乐吧。

不论男女，出来相亲，最好明白，手段必须疏爽。还有，拼图和拼图之间，有时会很相似，但拼不到一起，就说明找错了方向。

这个年代，连相爱多年的情侣都会对强求感到不耐烦，何况相亲之人？不是你要求高，也不是对方缺点多，只因没有找到最合适的那一块。

26 岁的阿珠，在寻找爱情的路上，走了不少日子了。朋友亲人都说她是挑花了眼，可她自己知道，只是找不到能让她称心如意的人而已。

从 24 岁开始，她几乎每个月都在密集相亲中。最长的相处过三四个月，短的也就几天。每一次相亲失败，都像上街买不到合适号码的衣服一样，令人心情沮丧，总觉得自己有问题。

性格合得来的，学历太低；学历高的，个子却太矮；看起来挺开朗的，碰到花钱直往后缩；稳重内向的，不知道哪句话没说合适，就暴跳如雷……渐渐地，连父母都不大理解她了，言谈之中，颇有怨言。

其实 26 岁的年纪，无需着急步入婚姻，因为看人看事的心智也在慢慢成熟。家人抱怨，更多的可能是怕不好向亲友交代，又担心她会蹉跎岁月。可内心的真实需求，还需要自己把握。

情感故事，如果令人痛苦，肯定都是美丽的误会。就像蓝天白云，哪里需要千山万水地去寻觅，只要抬起头来，就可以免费欣赏，是不是？

不合适，就是不合适。一定会有一个合适的人，在不经意的时候，舒适、熨帖、自然而然地来到身边。

就像拼图时，费了很大的功夫，突然遇到的那块碎片，不费吹灰之力，颜色、形状、线条都那么合适，轻轻一推，立刻完整，完全吻合。

说起来奇妙，可其实，这才是正解。

总有一方要爱得深一点

——爱情不是一种交易，斤斤计较很没意思

爱情，和别的东西似乎不大一样，不能太计较于斤两和得失。

你看生活中，如果我们要向他人展示自己的魅力，往往会用很多事情来表现。或用聪明伶俐，或用肱二头肌，或用口才，或用相貌……总之，不做点什么，别人肯定注意不到我们的才干，接着，因为我们的出众，在和他人的关系上面，才能得到更多的权利。

可恋爱中，却正好相反。要想更被对方重视，想变成有权利的一方，与其说能做点什么，不如说什么也不做。

常常听到女孩子抱怨：他又不回来！又出去玩了！他不陪我！我生气了，他不是不说话就是一走了之！他怎么能这样对我？

她的意思是，她付出的爱总是比他要更多一点，因为下班她就回家，也不跟别人玩，有点时间就想跟他在一起。可是他却不是这样想的。

这令她烦恼，觉得他轻视了她。

瞧，这就是爱情中什么也不做的结果。当男生对她开始一无所求，或者什么也不付出时，他反而变得强大起来。

因为爱情的目的是交流和理解，他却能用敷衍了事、转移话题、隐瞒真相或只说一句对不起，哄哄对方，就将交流强行中断。

如此一来，他几乎是毫不费力地，就对更渴望整天腻在一起、渴望总是听到甜言蜜语、晚上哪里也不去只是待在家里看电视、他不回家就坚决不睡觉、从而显得更忠实、更需要爱情的她，行使了令人生畏的权力。

如果有人当了小偷，或者是杀了人，总有法律条款适用于他，可他只是说"要跟朋友出去玩几个小时"或者是"谢谢，我不想回来吃晚饭了"，你能说他有罪吗？你至多只能说他对出去玩或在外面吃饭更感兴趣一些。

而且，这样的兴趣和他喜欢看某本书、某部电视剧一样，也是人之常情，完全能说得通的。

司汤达说，总有一方要爱得更深一些。这就意味着恋爱关系中，总会不可避免地有一个权利大小的问题。

刚陷入情网的人儿，满脑子里只有他的恋爱对象。除了这事，他对别的东西都不感兴趣，可是这样火热的状态根本不可能长久，总有一个人要抽出身来，变得不再那么主动、那么积极，于是权利的天平，立刻就朝着一方倾斜了下去。

既不想取悦男友，又不想让他对自己的需要不理不睬，于是觉得受了欺负、伤害、冷淡，爱的天平失去了平衡，一转眼从公主变成了弱势群体的一分子，不由得会生气：凭什么付出更多情感的人，

却占不到上风！

爱情和别的事不一样，它不是交易，而是一种情感，难以衡量，这样想想可能就不大会生气了。

谁先迫不及待地要把砝码放上去，谁就得承担由此产生的后果。人家放不放，或者怎么放，或者放多少，你只能等着，千万不要奢望他会掏出一个跟你一模一样的砝码来。

当然，要是实在感觉不平衡，办法也简单，抽回砝码，揣回口袋，就行了。

那时，不管他放多放少，都会哐当一声，得，不平衡的，肯定就是他了。

爱情标准变变变

——婚姻要保持长久，需要去适应变化

一个人对爱情的看法，真的是会随着年龄、境遇、要求或是生活目标的变化，而发生变化的。

十七岁的时候，不谙世事，柴米油盐遥不可及，爱情来了，就要日月星辉，童话一般去过幸福的日子。那时每个女人心仪的对象，可能都会是杨过。无论怎样，他都拿你当世界唯一，眼里既没有国，也没有家。只要喜欢她，就愿意付出一切，不管是身体，还是性命，只要能换取和她厮守。

等过了二十岁，心思就又会变。上大学，找工作，赚第一份钱，

理想远大，现实残酷，小孩子一样不管不顾地一味痴情，显然略显幼稚，也让人喘不过气来。这样的人只适合远离人间烟火的小龙女之流去做。这个时候的男人，要有其他技能，或武艺高强，或朋友多多，要专一，还要有敢担敢当的好性格，哪一个都不能缺。

这时，最好的对象，自是乔峰。

乔峰除了阿朱，对别的女人，再无心思。武功盖世，却乐得俯首甘为孺子牛。动起情来，令人荡气回肠。可惜，这样的男人，永远只是奢侈品，不仅少之又少，而且贵而又贵。也不是随便哪个女人，都能将其握到手里的。

等到了三十岁，女人心目中的男人，该是郭靖。历经沧桑，性格越发平和，野性依然潜伏。他的世界更广大更辽阔，谈情说爱，儿女情长，只是见缝插针的事情。他是在世英雄，很多人都需要他——做他的老婆，需要付出代价，要甘于寂寞，但也能享受荣耀。

……

男人呢，十七岁时，都是《连城诀》里的狄云。有信念，有理想，能坚持，心上人小小的背叛，恨不能一死了之。

二十多岁，做乔峰太辛苦，不如做段誉。家世显赫，性格也好，或者像宝玉一样在脂粉堆里打滚，还能人人爱怜。

到了三十岁，发觉功名利禄哪里是一天成就的呢？之前不努力，不如现在做韦小宝好了。乐观、爽朗、聪明、义气，事事都能化险为夷，多大的事不过是一笑置之。对人对事，绝不做过多要求，也绝不偏激，你也好，我也好，不要尊贵，也不要自讨苦吃。大家和和气气，有得玩就行。

到了四十岁，可以看看段正淳。潇洒不羁，温柔体贴，又生得

形容俊朗，真是天生的红颜杀手。身为皇室，一掷千金，有大把银子来点缀情调、策划爱情，怎不令女人心旌摇荡？人到中年，已在风月场中积累了丰富经验，向无数女人拿到了毕业证书，这时他一举手一投足，都自有一种风流味道，自可以叫女人为他生为他死。

……

咳，这并不是说，男人只会越变越不靠谱。事实是，浪子肯回头，常常也发生在四十岁左右。

只是这世上，本来就没有什么是一成不变的，随着年龄渐大，境遇不同，感情的表达，或是对爱情的期盼，确实会发生变化。

重要的是要去认识、去适应这个变化，从而让它向更好的方向去变，在变化当中，保持爱情长久、生活幸福的节奏。

但是不少人，虽亦看重婚姻，但却觉得家庭完整，没有个人转型更为重要。结果，两人走向了破裂、分手。这才是最坏的变化。

关爱情什么事

——失恋不是什么错，放手才会有新的开始

彼此敷衍，玩爱情的游戏，在繁华都市，见多了这样的男女故事。

他说还爱着她，其实口是心非，拖延外情败露的时间；她请求他放手，要分居，理由是压力太大，需要自我。其实呢，早已和他人夜夜笙歌。

待对方丑事暴露，相互骂一骂解解气的人，都不知道下一步怎么走。好友们纷纷说：赶紧分开吧，这样的衰人，早离早超脱！

当事人跺脚哭泣，这是什么可怕的世道？人人都不出面说和。

人们不是都说，只要两个人相爱，什么困难都能战胜？

书本上不是也说，真心相爱的人，会永远记住彼此的承诺？

从什么时候起，这样的说法，已成了老古董？

现在人人说的都是：得放手时且放手，谁也不要耽误谁。

时代变化了，无论做人，还是怡情，都趋向干脆利索。

上世纪 30 年代电影里的女性，丝巾缚住秀发，挽着手袋，步履轻巧，那种优雅悠闲，怎不令人羡慕。

彼时的她们，个个都是美丽的弱者，总能受到呵护，收获爱惜……可现在的女子，闯入社会，哪里还能腾出手来挽手袋、缚丝巾？因怕小偷，皮包总是盒子枪一样斜挎于胸前，睡眼惺忪，头发蓬乱，左手拎早点，右手抢圆了拼抢公交车。

这和爱情变化的道理，其实是一样的。

二十年前，失了恋的，多会面色苍白，泪盈于睫，将那人那事，深藏于心，甚至影响到此后的生活。现在这么痴情的，少见了。如今失恋者，要么当夜 K 歌，不醉不归，要么尽快找个新人来疗伤。

说来也曾是一场刻骨铭心的恋爱啊。

尽快撒手，重新开始，当然可以！只是偏偏有人要发毒誓：日新月异的世界，谁再相信爱情，谁就是傻瓜！

活生生从一个极端，走向另一个极端。

一段恋爱失败了，不该去怪罪爱情。就像我们没有赚到钱，就指责钱不是个好东西，没有吃到肉，就说肉一定有害健康一样。

酸葡萄的心理，在爱情中一样不能有。因为人人都知道，爱情是个很好的东西。只是君子谈爱，需取之有道。即便现代社会，没有那么多工夫用来软磨硬缠、儿女情长，但双方的信赖忠诚，依然会是根本。

有人要变心，只能说明现代男女活动空间比以前更大，可以选择的品种和口味也更多。那既不是你的错，也不是爱情的错。

如果你觉得是对方的问题，那么恭喜你，离开这样一个人，是你的运气。

如果能认识到是自己的问题，他或她才移情别恋，那么更要恭喜你。因为这样一来，你等于已彻底解脱。

情变事件中，最难缠的，除了变心的伴侣和第三者，就是心理失调的自己。急切、难堪、怨恨，往往会带来破灭感——不再相信爱情，就是典型的受害者心理。

栽赃爱情，只是因为我们缺乏直面自己的勇气，拒绝承认失败的原因在自己身上。

爱情并没有得罪谁，相反，应该感谢爱情之神庇护了我们——

一段感情失败了，适时分手，正是爱神帮忙，它为我们保留了享受真正爱情的权利，也激发了我们学习爱的能力。

脆弱的"砍价"阶段

——爱情不是强买强卖，需要一个试用期

悬疑小说盛行的年代，很有一些诡异的故事，包括在爱情中。

晓雪和男朋友交往一段时间了，在她的感觉里，他是很在意她的。出差再远，他不顾旅途疲劳，也会连夜来看她。虽然她心疼他的辛苦，但看到他肯这么付出，心里也很感动。

为了试探他，她也曾给他看过别人发给她的追求短信，而他分明是很紧张的。

两三个月，说长不长，说短不短，但一定是甜蜜大过担忧的。有过拥抱和接吻，也有每天的电话和短信。她临时要出门，就在去机场的路上，两人还在谈下次约会的时间。

但接着，就像小说里讲的那样，突然，男友在晓雪的生活里，就消失了。

电话不接。短信不回。她度日如年，匆匆回来后，立刻找他，真是历经艰辛啊，终于听到了他的声音，态度、语气却都已大变，她不明白是怎么了，非要讨个说法，他终于说：对她已经没有感觉了，要求只做好朋友。

她很快意识到，可能男生身边出现了更合适的女人，但也突然意识到，自己其实已经爱上了他。

于是，一幕人间悲剧，立刻拉开了帷幕。她不甘心，无法接受

突遭退货的事实。他呢，则开始四处躲避。

两个人就像猫捉老鼠，事情也愈发难料。

其实，更悬疑的情感故事，更反复曲折，多得数不清。

男人女人都爱玩躲猫猫。有一个女人说，丈夫出差一周，回家就阳痿了。一个男人说，和女友相好了一年多，才知道她脚踏几条船，他陪她去做流产，伺候她、安慰她、痛责自己不当心，结果她竟怀的是别人的孩子！

相比起来，晓雪这个女孩子，还算幸运的，毕竟时间还短，用情不算太深。

喜欢逛街的人，都知道这么一个道理，有时候走在店铺里，难免会看到一件特别中意的衣服，也会去问价钱，还会跟摊主砍半天价，等谈好价了，还想试穿一下，结果穿也穿了，价钱也能接受，可最后一想，又觉得它不够实用，或是颜色细看不那么可人，就又放下，接着去走自己的路。

这本是多么平常的事啊，可倒霉催的，偏偏碰到了一个较真的卖主，非拉住不许走，还说你穿也穿了，摸也摸了，价钱都谈合适了，凭什么你就这么走了啊？你给我讲出个道理来，不讲出来我就找人开了你！

晓雪和男友的故事，和这段没成交的买卖，就是一个意思。

再怎么说，都还只是砍价的阶段。在没有达成约定之前，他或她做出什么选择，都不过分，她没理由不依不饶，非要他讲出个一二三来。

也许就在那一周里，他遇见了无论价钱、款式还是颜色，都非常合适的衣服，或者也许他突然一摸荷包，发现兜里所剩无几，买衣服的念头顿时消失，这些，都是很有可能的呀。

其实世界大得很，她也完全可以像他那样，再多走几个铺子，多看几件衣裳，直到找到自己最中意的为止。

别说恋爱，就是结婚，往往也都像赌博，是带风险的投资，并不一定就能赚回幸福的利益。这期间，最重要的是，个人期待的分寸感，才是应对感情风暴的良方。就像有理智的买家，不会感情用事地为没有用途的奢侈品埋单。

虽然将一段感情，比喻成没有成交的买卖，有些不厚道，可谁叫我们就处在了一个不厚道的年代呢？

爱情的野心

——男人不去外面拼，光躲在屋檐下就是懦夫

进入社会不久的男女，事业刚刚开始，未来不可预测。时间，精力，投入，素质……时间却不等人，尤其对女生来说，她有没有权利要求男生在最短的时间里展现出良好的开端？而男生，在被女生施加压力的同时，是否又会觉得，她只谈收入不谈爱情，太过势利？

有个男生说，虽然他不如她那么优秀，但是他可以做她背后的那个努力爱她的男人呀。虽然他一直没有合适的工作，但是他可以为她煮饭洗衣呀。

但他显然没有这样的福气了，恋爱两年后，她说自己累了，只希望能找到一个在事业上对自己有帮助的男人。这话令他心酸，他

想，她已经变了，变成了一个很会为自己打算的女孩了。对她说，是否愿意再给他两年的时间，希望!她能看到他就此摆脱懒散、无所事事，找一份工作，勤勉赚钱，她对此表示不屑一顾。

经济社会，男人的事业压力和社会角色，确实比女生更难。

可是如果认为，女人爱一个男人，就要不计较他的无用、懒散，同时隐藏住她对钱财地位权力的渴望……那样才算真感情的话，是否又太自私了，也太绝对了?

自私到可以拿她的爱情，放弃自我责任、进步和要求?绝对到以为只要提供一个躯壳，就该被人死心塌地去爱?

是的，他爱她，疼她，可以为她煮饭，为她按摩，但男人，一辈子安心于这样的付出，没有委屈，谁会相信?

进入社会，她当然也更会知道，这个世界终归是男人的，男人只要努力，总会走上坡路;而女人，过了一定的年龄，原地踏步，就已很好。要是他一事无成，终身只在家里做"煮"男，她的一生，即便再强，又有什么光鲜体面可言?

她的想法，发自内心，出自自然，虽然听起来势利残酷了一些，但非常真实，何错之有?

他能保证做到一生都像今天这样爱她、疼她吗?能一辈子不厌其烦地用谈恋爱时的小伎俩，来讨她的欢心吗?不，世上没有人能做到的，再伟大的爱情，进入柴米油盐，也会厌倦，也会贫乏。人们在爱情上的表现，根本没有自己说的那么伟大，那么无私。

"水至清则无鱼"，这话，当然也适用于爱情。对他来说，如果她不是这么优秀，这么有主见，这么能干，恐怕也不会爱上她吧?

人在爱情中，会有本能的趋利避害的一面，这并没有什么错。

而他是否又反过来想过，恋爱这么久，一直忍受着他不如她的事实，她又何尝没有委屈？

认定她是优秀出众的那个女孩子，就要用自己的精彩来证明能得到她的实力。这才是匹配的感情。这个男生，可能是从小童话故事看多了，以为感人的爱情，都是富家小姐义无反顾、一往情深地爱穷酸公子，可那公子如果没有金榜题名的一幕，他们会有未来吗？

至于七仙女、白娘子，因为是神，不是人，所以才能忍着董永们的贫穷和许仙们的背叛，还拿银子出来让他买房开店。世上男人，虽都羡慕这份情谊，但清醒点的，也会知道凡人常有而神仙不常有。

她对男友的要求，除了为自己，也是为了他，为了实用而长久的未来。毕竟简·爱已过去 N 年，那种渴望在精神上占领高地，要爱得平等，先得把王子变成青蛙的女子，在这个现实社会，是会被人耻笑的。

两年的考验，不过是漫长人生中一次小小的爱情野心，如果如她所说，他很可能获得成功，那么，给她一个证明，给自己一个惊喜，不是很好？

有多少爱可以利用

——厢情愿的爱情并没有好结果

他是应届毕业的大学生，她低一级。

见她第一面起，他就喜欢上了她。无奈，那时的她，已经有了

男友。家人帮他找关系后，在老家的某单位，谋到了一份公职，他说不上兴奋。

大四时，她开始找工作了。他接到她的短信，问他有没有办法，帮她找工作。

正巧，自己的舅舅，在某公司任要职，他便托舅舅帮忙，同时告诉舅舅，说她是自己的未婚妻。舅舅公司也需要人，考虑到有这一层关系，便毫不犹豫地将女孩的工作签了。

这后来，两人一直都发短信联系，其间也会说些亲密的话。他觉得帮了女孩如此大忙，她是万万没有理由不跟他在一起的。

可大四的最后一学期，他给她发短信，她再也不回，直到来公司报到。

转眼到了上班前期，她叫他去车站接她，又叫他帮她找房子等。到了正式上班时，她给他打来电话，说要和男朋友一起，请他吃饭。

碰到这样的事，没有人会不郁闷。

他指责她，利用了自己的感情，她却说两者并无关系，而且签了合同后，一直也很后悔。

她还说："就算和男朋友分手，也不想和你在一起。"

他彻底崩溃了，恨她，她让他在家人面前抬不起头来。舅舅对他也有意见，真是不知道怎么办才好。

这个故事，让人想起一个希腊神话，是关于线团的。

忒修斯被人抓到一个乱七八糟找不到路的岛上，眼看就要被某暴君结果了性命。结果暴君的公主看到了他，而且一眼就爱上了他，为了救他，她给他了一个线团，跟着那个线团，忒修斯就可以沿原路逃生。

忒修斯很感激公主，逃出了迷宫，而且为了报答公主，还带着公主一起逃跑了。

以后，这种以感恩为出发点的爱情，就成了很多名著或韩剧的故事原型。青年男女，也乐意接受这种情人礼物似的爱情，它甚至可以具有伟大的象征意义：总有人要给我们指明迷途的方向，如果这个人是亲密的爱人，那该多么浪漫、感人。

可是，这个故事其实还有一个悲惨的结局，却常常被人们所忽略，那就是忒修斯一离开克里特岛，就抛弃了公主。

带有恩情的爱情，一旦结束，罪孽似乎是双重的。施恩的那一方，会觉得自己吃了大亏，虽然他并不愿意承认这最初的恩情，更多只是一种手段。但无论怎样，手段失效，感情受挫，沮丧不安，都是自然的。

在法国，有句俗话说：在恋爱和战争中什么手段都是可以耍的。这话，当然也适用于中国人。

一方面，明知道她有男朋友，却让她答应做自己的女友。另一方面，还希望对方就此能将感恩和爱情联系在一起，并且落实在他的身上。

虽然很同情上面这位男生的经历，但说老实话，这份利用与被利用的结局，也是他自找的，人家女孩并没有将工作与感情联系在一起。

知道她渴望得到这份工作，且明知她有男朋友，还将她的身份说成未婚妻。说轻点，这是男生利用在先，说重点，则是要挟。

他不够坦然磊落，做了小人在先，她利用起他来，自会更舍得下手，还会振振有词。大不了是"替天行道"嘛——谁叫他如此卑鄙？

很多时候，我们常常会说困境是自己给自己造成的，就是因为人生如圆，出发时不够坦荡，落脚点往往会踩到陷阱。

也许，不能怪男生聪明反被聪明误，也不能怪这个女孩子不够厚道。

世道浮躁，急功近利，已是时代的通病。如果眼前能有可以利用的人或事，又有多少人，能做到不伸手呢？

爱情不是军训
——要做到步伐一致，需要情缘和时缘

恋爱近十年的他们，经历过很多坎坷，尤其是他，读大学时家族企业破产，几乎沦到家徒四壁，母亲最终因经受不住打击而自杀，父亲则孤苦伶仃回了农村老家。他无力对抗，竟以退学流浪四方来抚慰伤口。一年后重新回来，她再次接纳了他。毕业以后，他脾气越来越坏，收入越来越少，她却从没想要离开他，总是鼓励他继续读书，在金钱上帮助他。他却又给她第二次重创——和一个坐台小姐打得火热，还厚着脸皮说是他被缠不过。

拉拉扯扯很多年，霉运似乎好转，他父亲竟东山再起，他也得以回到老家，做上了部门负责人。两边家长极力鼓励这段恋爱结出果实，毕竟她已 28 岁。他却怎么也不肯，说自己四十岁前对婚姻根本没有想法，如果她愿意等也行，但他不能做任何保证。她心大痛，自尊更是受不了，竟真的就此分了手。

她问，他们一起走了这么久，这么辛苦，为什么还是不能够跟上彼此爱的节奏？

唉，怪只怪爱情不是军训，不是所有的情侣，步调都能整齐划一。当他脚步趔趄、行走不便的时候，她无法做到停下来等他，或与他一起趔趄。那么当她希望他一起走进婚姻时，他却已走到了拐弯处，也自有他的道理吧。

同样的话，正面讲法是："你这么好，他根本就不配你。"负面讲法是："你可能早让他看不顺眼了。"

还有一种话，是大家都爱听的，得这么说："可惜啊，你们没有缘分。"

是的，恋爱，两情相悦就可以；结婚，却实在需要严肃待之。他曾经肯为退学、泡小姐而敷衍她，此刻则不肯，一是缘分没到，二是他善心大发，至少，他不愿意婚后再敷衍或欺骗她。

缘分，是一种轻松的说法。应该说，节奏难合，才是爱情的现实。

现实中的他已和18岁时的他大不相同，朴素、平实的年轻人，早已因境遇影响，脾气改变，不仅难以相处，还会纵情声色。年轻时令他落泪的事，现在可能会引起讪笑，曾经被他重视的人或事，也会认为不值一提了吧。

这不是她的错，也不能说是他的错。因为即便热恋中的爱人，也很难做到完全的了解和被了解，重要的是能包容彼此变化的步伐——他慢了，好，我可以等他，但同时心里也要坦然接受可能会发生的变化。

爱情是没有福德一致的回报的，无法用世俗的办法来计算付出和收入。因为双方所走的步伐难以协调，一方付出努力，也不能保

证对方必然能理解或领受，没有了这份心领神会，他当然会有足够多的理由，可以不珍惜她的付出。

这很像是我们的人生，每个过程中，不可避免都会有一些阴差阳错，非常努力去做了，却要在很多年后才明白收获了什么。爱情也是一样啊，也许会有那么一天，当对方拐弯，又多走了几步后，才能明白她今天的眼泪。

能做到步伐一致的男女，需要情缘、时缘，还要有爱的智慧。

和幸福一样，这真的是勉强不来的。

率性是要本钱的

——虚妄的爱情一旦太率性，就会失去自我

在很多书籍、电影、电视剧中，都说过爱情是不可知的，是没有规律可以遵循的。它的发生或消失，基本像一个犯病的精神病人，毫无理智；或是像埋藏在人体内的不定时炸弹，不知道什么时候，砰的一声，就把人炸翻了。

和文艺作品交相辉映的，是市民们喜闻乐见的娱乐八卦。某男湿吻女大学生后，又痛哭流涕和前女友复合。女学生年轻貌美，出来玩只是为了寻求刺激，但见某男回心转意后，竟奇怪崩溃，还要闹自杀云云。

很令人奇怪，难道女学生真的爱上了一吻之缘的某男？

别说相濡以沫，就是一般的互动也很少，如果这也能叫爱情，那一夜情该怎么讲?

毛毛的故事和这个很像。

她爱感情用事,男友常批评她长不大。两人认识八年,终于要结婚了。

问题出在结婚前,男友的弟弟从外地回来,准公公过生日时,毛毛和男友的弟弟去给老人祝寿,两人在一起私处了会儿,回来后就感觉关系有了变化。因为男友的弟弟吻了毛毛,虽然毛毛也觉得对不起男友,但激情战胜了理智。

毛毛曾想过要和男友的弟弟在一起,不跟男友结婚了,可是男友的弟弟却说,如果她和他哥分开,他们才真的永远不能在一起了。他希望至少每天还能见到毛毛,于是怀着不安,毛毛就把自己嫁了。

面对现实,毛毛和弟弟都决定放下这段不可能的感情,但当弟弟去跟别的女孩相亲时,毛毛却感觉自己要疯掉了,心里痛得想自杀。

有个叫福柯的哲学家曾说:"所有的快乐都是无罪的。"后来,这句话被国人翻译成"我高兴又有什么不可以的"。可其实呢,因为率性而为,爱情变得左右为难、尴尬无比。快乐之后是非横生,一样会有罪恶感、羞辱感,一样要面临痛苦。

为什么会这样,有朋友会问,难道我追求快乐、追求爱情是错的吗?

不,没有错,可是这份率性,是以年轻、肉体、美貌或金钱为本钱的。从根本上讲,是有条件的率性,并不是真的率性。一旦本钱受挫,快乐就变得惘然若失,甚至痛苦绝望。

比方第一个故事中的女大学生意识到自己的年轻,竟然不敌对方的大龄女友时;再比方,毛毛发觉婚后的自己已不能再自由去爱

别人的时候，都是很受挫的。

文艺作品中，的确会有很多率性的爱情故事，但大多稍纵即逝，满足了人们可望不可及的梦想，而且十有八九是虚构的。

但现实生活里，爱情却是有迹可寻的东西，它有真实性和长久性，最终必须是理智的产物。比方毛毛选择男友，就会理性地开出各种基本条件来：要帅，要高，说话不结巴，面部无明显疤痕，父母不能太穷……

最主要的是，虽然彼此的亲吻，已失去了新鲜感，虽然长时间的厮守，已像左手握右手，可他们在一起八年多，最后还走进了婚姻的殿堂，要说这里面只有遭罪，全无爱情，谁信？

亲几个嘴，或者上一次床，就认定是有"爱情"了，是既不科学也不理智的想法。真正的爱情，会像百日咳，根本藏不住，也会有反复，最后坚持到底！

相信自己吧，走入婚姻，只是因内心朴素的愿望，而不全是无良弟弟的教唆或敷衍。虽然毛毛会感情用事，可其实也从来不缺乏理智，否则就不会给情感问答栏目写信求助了。

乔舒亚的游戏

——无法表演爱情角色时，就跳出来当观众

戴西是淑女，信奉正统的良家做派。可是有一天，她遇到了窝心事，因为无从确定男友是否可靠，她心烦意乱，一心只想借酒浇愁。在酒吧，她遇见了一个男人，她明明知道接下来的一切将意味着什么，可她还是跟他去了酒店。男人在她喝的酒里，放了药，她一醉不醒，随身带的钱被偷光，之后还遭到勒索。

这事让她怎么也想不明白，不知道为什么自己竟会变成另一个人。难道真的像张爱玲说的那样，正经女子，若有机会，都想扮演荡妇？

一个执著于爱情、对男友的点点不忠都心存厌恶的女人，自己却上演了一出风流挨骗的戏目。她难以接受事实，怀疑自己脑子是否出了问题。

这个故事，如果拿乔舒亚的游戏来解释，也许会是一种解脱。

在电影《美丽人生》里，主人公圭多，是一个心地善良、生性乐观的犹太青年，他的愿望是开一家自己的书店，过上安稳幸福的生活。

他来到叔叔的饭店当服务员，偶遇年轻漂亮的女教师朵拉，并对她产生了爱慕之心。婚后，他们生活幸福，并有了乖巧可爱的儿子乔舒亚，而圭多梦寐以求的书店也开了业。可惜在乔舒亚五岁生日那天，纳粹分子强行将他们一家送往犹太人集中营。

圭多不愿让儿子幼小的心灵因为战争而蒙上悲惨的阴影，于是，他哄骗乔舒亚说，这只是一场游戏，遵守游戏规则的人，最终能获得很高的奖赏，那就是乔舒亚一直念念不忘的真正坦克。天真好奇的乔舒亚对圭多的话信以为真，在那段漫长的时光里，乔舒亚强忍着饥饿、恐惧、寂寞，并在圭多的保护下，一次次幸免于难，最重要的是，他那颗纯真的童心并没有因为战争而留下任何阴霾。

解放来临之际，纳粹分子准备杀死集中营里的所有人，聪明的圭多猜到了这一点。他将儿子藏在一个铁柜里，叮嘱他千万不要出

来，并且说这是游戏的最后一关——能坚持过今晚就能赢得坦克！当纳粹分子押着圭多经过乔舒亚藏身的铁柜时，他乐观地、大步地走过去，扮演着小丑一样的姿势，暗示儿子不要出来。

历经磨难的圭多最终惨死在德国纳粹的枪口下。天亮了，乔舒亚按照父亲的吩咐，直到一个人都没有了才从柜子里爬出来。他站在院子中央，这时，一辆真的坦克隆隆地开到他面前，下来一个美国士兵将乔舒亚抱上了坦克。乔舒亚又回到了母亲的怀抱，两个人享受着和平的阳光。

经典的故事，总是在对我们讲述着人生的真理，这个故事也不例外，除了人们常说的对和平的向往、对生活的乐观之外，它还告诉我们，人生如戏，戏如人生，即便努力做人，追求理想，也并不是每段演出，都是我们所能控制的。

是啊，人生舞台上，不是想演谁就可以演谁的。现实生活中，谁会没有扮演与自己本性不相符的角色的时候呢？只要为了生存，内向的，会装潇洒；开朗的，会装羞怯；胆小的，会谎言滔滔；脆弱的，会很势利尖刻……

这和贤淑女子，突然想扮一回荡妇，并没什么不同。

与其说人性吊诡，不如说角色难挑。得像乔舒亚那样，将不快、阴影、荒唐、灾难权且当做一场游戏。

当人无法出演本性角色时，最好的办法，就是跳出来当观众。这样一来，就有喜感了，也就不会纠缠无谓的过去了。

结婚不是退路

——心态从容，不因危机将就自己的婚姻

万彤，现在遇到了烦恼。春节一过，她所在的公司就放出风来，要裁员 40%。她在技术部门，岗位比较重要，按理说裁员也轮不到她。但又有人说，这次主要针对女性，尤其像她这种未婚但年龄不小的女人。

因为这样的人下了岗，还有一条比别人多出的路，那就是去结婚。

万彤这一年里，纠缠在两个男人中间，一个人蛮好，是大学同学，但太穷；另一个离过婚，经济条件尚可，就是找不到感觉。如果她一门心思只想结婚，估计还是可以嫁掉的。只求婚姻，不计较其他任何条件，还怕找不到男人去嫁吗？

就算万一嫁不好，还可以离了再嫁不是？

仿佛公司裁员在逼她做最后的决定，不过她有点着急，不知嫁哪个更好。

而且，她也无从确定，这两个男人是否能接受一个无业游民做老婆？

万彤这阵势，是真的拿结婚当了最后的退路。但这样的想法，在当今时代，会不会也忒落伍了？

大不了就结婚去，结不好还可以离了再结？

真要拜托万彤，清醒一些好不好。

比起求职、读书、出国、升迁，结婚压力之大，只会有过之而无不及吧。

多少人穷途末路，心力交瘁，或者半生无用，皆是因为结错了婚的缘故。婚姻是人生大事，当然也是一门高深学问，勉强或是疏忽，均后果堪忧。

最怕自作聪明者，拿结婚当社交，人前人后两副嘴脸，以为八面玲珑，善于做人，没有诚意的结果，当然是赔了夫人又折兵，吃力不讨好。还敢说下次再结？呀，快快打住吧，只怕名誉扫地，自己也无力再战。

公司裁员，大多针对的，不是岗位不重要之流，就是干活儿偷懒之辈。业务骨干，无论离婚还是再婚，都不会影响他的职位，何况结婚？

不用相信这样的话，更别急着去嫁谁。万彤目前的慌乱烦恼，只因工作危机，担心自己无力解决，便将压力转嫁于婚姻，并非明智之举。

而且，如果真的失了业，去嫁那个穷的，岂不是雪上加霜、穷上加穷？

嫁给那个离异的，又会不会太过草率？日后吵嘴也得理亏，谁叫她慌不择路，拿他当了饭碗呢？

结婚绝不是消灾解难的灵丹妙药。和去做任何一件事一样，都不能当做逃避的手段，否则必定会失望。

婚后太阳会照样升起，该操劳该烦恼的事情，一样也不会比工作要少，它只是人生另一个阶段的开始，一样需要打起精神一一应对，来不得半点马虎。

丈夫既不会从此将伊人扛在肩上，也不会长久抱伊人在怀里。该走的路，还得靠自己的双脚去走。

除了养儿育女，尚有其他任务。即便嫁入豪门的少奶奶，也需要在婚后学习很多东西，不是英文就是贸易，要亮相要交际，一手生意还得做得头头是道。还不是一样要用个人的智慧、耐力和见识一一去解决？

比起少女时代，婚后的女人当真要辛苦千倍万倍。

工作有变数，全力以赴应付当前困难才是真。何况感情之事，怎么排也得排在饭碗之后。有了经济保障，才能想爱谁就可以爱谁，想跟谁结婚就跟谁结婚。

主动总比被动要好，最主要的是，年纪还轻，勇气比运气更重要。

待公司危机过后，心态从容，认为跟谁结婚才真正值得，那时，再去结婚吧。

不想结婚的女子
——形式并不重要，重要的是内在的价值

梅子和男友在一起很多年了。有那么一段时间，她很希望结婚，但那时男友不着急。等过了三十岁后，她突然就不着急结婚了，感觉同居也挺好，否则离起婚来怪麻烦的。

不能说两人感情不好，也不能说没有经历过考验，十三年的时间里，分手过两次，期间男友还交往别的女人，甚至谈到过婚嫁，

她也交往过别的男人。后来不知道怎么的，两人还是走到了一起。但结婚的念头，也就此渐渐淡了。双方的家人一直在催他们结婚，这两年，男友也开始频频提起这个话题。

梅子很迟疑，担心一旦结婚后，面临他的背叛，也得像很多女人那样，为婚姻或孩子而强忍痛苦。

她了解自己的性格，她不会委屈自己的。

只要有一份让她值得付出的婚姻，她就愿意。

梅子自己收入不错，事业不错，相貌身体也都不错，她的想法是，结婚后，就辞去工作，生个孩子，然后做全职母亲五六年。

她知道，这将是一个很大的牺牲。可是等到那一天，她费心尽力地带大了孩子，失去了工作，憔悴了红颜，男人却告诉她说，有了新欢，要离婚，要分家产，要去养和另一个女人生的孩子，那她也确实找不到更多的理由，让自己将就这段婚姻。

可能正是因为这样想吧，所以对结婚并没有太大的愿望。天长地久、两情相悦，在这个社会，难度极大。不单说他会怎样，梅子自己也常常面临其他男人的诱惑，也会有心神不宁的时候，所以，她才想，婚姻这个东西，在这个时代，真的还有意义吗？

人的本性，就是不安的吧。无论男女，其实都有偷香窃玉的渴望。但在婚姻里，就总是需要有一个人做出更大的牺牲、经受更多的委屈。如果不是她，就得是他，那样对他也不公平。

正因为这样，所以一想起结婚，就很苦恼。不结似不行，结又不甘心。尤其每年年底，此话题就开始被反复提起，于是，梅子有两个问题：

一是，为什么人人都会想要偷欢？

二是，牺牲自我，成全一个家庭，到底值得不值得？

当然值得。至少在我看来，还是希望她能结婚的，不仅仅因为大家都结婚，而是她不结婚，也可能会失去工作，会憔悴了红颜，还会为没有生过孩子而痛苦，所以，还不如结婚呢。

这么说起来有点消极，但目标设定得低一点，也就更容易达到，是不是？

梅子所问的两个问题，都很有意思。可能也是每一个面临婚姻的人，都会想的问题。

关于第一个问题，人为什么要偷欢？

在美剧《人人都爱雷蒙德》里，雷蒙德的老岳父，突然有一天出了轨，其新欢比起他的岳母来，更老、更丑、脾气更坏、脑子更傻。雷蒙德很不解，就问岳父："你为什么会为这样一个女人出轨呢？"

岳父耸耸肩膀，嘴一撇，说："因为她是另外一个人呀！"

瞧，这就是理由了！

至于第二个问题，是不是觉得爱情不长久、婚姻不可靠，才有越来越多的人，掐指心算，觉得，时间用在家庭上不如用在社会上？

精力和本事，埋葬在丈夫和孩子身上，最无声无息、最不为人所瞩目。忙碌一生，还往往遭人白眼，动辄被视作闲人。说伊是好母亲、好妻子，哪里有被叫做大冠军、总经理来得更令人动容？

于是，很多新女性忙于工作、事业，并不着急结婚。

但到了三四十岁，婚姻还是会被提上议程。这一类女性，数目愈发多起来，先在社会上闯出名堂，再扬言要有幸福家庭，也让人非常羡慕。

因为荣华富贵、功成名就固然重要，可半夜忽然不适，有人肯

卖力送去医院，并对医生说"她是我的妻子，请帮帮她"，似乎也弥足珍贵啊。

能天长地久的，唯有家人而已。建立家庭，是为了互相关怀，同舟共济。比方遇到失意之事，唯有家人才可撒气，因为对外人喋喋不休，只会遭到神憎鬼厌。又比方遇到得意之事，也只能对家人吆喝，因为到外面炫耀，就会遭受嫉妒。

结婚成家，对生活是有用途的。否则家庭又怎么能持续几千年呢？

既然梅子已经熬到这个年龄、这个程度，做这一类女性，不是正好合适？

怕失去婚姻而不结婚，就像怕会死去而拒绝出生一样。

怕偷欢应该不是不结婚的借口，因为不偷欢的人也很多，几乎和偷欢的人一样多。之所以会恐惧结婚，只是意识到生命走到了某一个阶段吧。

毕竟，结婚意味着不能再玩了，不能再挑了，不能再炫耀被人追了，不能一生气就甩袖离去了，不能动不动就说我们年轻人怎样怎样了……换来的呢，不过是三姑六婆，柴米油盐，养儿还贷……性爱亦一日不如一日，搞不好家庭还会出现第三者，怎么会不失落不恐慌不沮丧呢？

只有意识到了这些问题，依然还去追求婚姻的话，才是找到了婚姻中真正有价值的东西。这样的婚姻，也会比较稳固了。

输不丢人，怕才丢人

——感情这事，最吃亏的是不敢表达内心

不敢表达自己的真意，一味地谦让，得到的注定是一场没有结果的暗恋。

整整五年了，安妮一直将一份暗恋的情怀好好地藏在心里。为了不让他对自己反感，将她驱逐出他的世界，她甚至心甘情愿地做他最好的朋友，假装没有性别，假装对他没有丝毫想法。他可能也很喜欢有一个很哥儿们的红颜吧，将自己的酸水也倒给她听。

两年前，为了帮他从失恋中尽快走出来，安妮甚至给他介绍新的女友，因为她漂亮、有风情，他一直就喜欢那样的女生。

这一切本都没有什么，安妮也以为会一直在心里藏着这个秘密，然后老去，然后有一天也想结婚了，遇到随便什么男人，嫁就是。

可是事情并没有这样发展。上个月，男生告诉安妮说，他要结婚了，新娘正是她给他介绍的女友。安妮祝他们幸福，却又无端流下了痛苦的泪水。他仿佛看出了她的挣扎，将她搂在怀里。借着酒劲，安妮顺势发飙，将这么些年藏在心里的话，全都讲了出来——事后安妮后悔无比，婚前那么多时光，她不讲，非要等到他要结婚了再讲，真是猪啊！

他可能很吃惊吧，也许有些许感动。两人紧紧抱在了一起，竟好像谁也不能轻易撒手。

那一夜很疯狂，也很尽兴。好像多年的相思，都得到了缓解。可是黑夜终要过去，天亮了，一切又都恢复了原样。

比较痛苦的是，他们的关系发生了很大的改变，既回不到从前，也没有了未来。好多天见到他，形同陌路，安妮不想给他增添压力，也不愿给自己什么借口。但是昨天，见到他和准新娘在一起时，她瞬间崩溃，觉得自己做了一件丢死人的糗事。

他对女友体贴、周到，就像所有热恋即将结婚的男女。安妮目瞪口呆，甚至有反胃的感觉。觉得自己太蠢了，在他的心里，自己只是一个送上门的无聊女人，既不会因她对他的留恋，而多一些感激，也不会在他心中留下什么痕迹。

如果说，对于多年的暗恋，还有肌肤之亲，安妮可以做到不伤心，但这个结果，却是她很难接受的。他可能以为，和她有了那么一夜，也就还了她对他多年的深情。从此以后，她和街头任何一个女人都没什么两样，风一吹，也就烟消云散了。

安妮很后悔，陷入极度痛苦之中。在心里珍藏了那么多年的美好情感，却在一个晚上，化做肉欲的低级发泄。

听到这个故事时，正是电影《梅兰芳》上映的时候。那时有句台词，正红遍大江南北："输不丢人，怕才丢人。"

导演陈凯歌说，梅兰芳虽然唱戏一路风光，但因出身低下，终其一生，都有其不够自信的地方，那就是来自他内心对强权、对名利，甚至对世俗大众的恐惧。但正因如此，梅兰芳才会一直和自己内心的恐惧不懈地斗争。

战胜恐惧，这其实是每个人毕生追求的东西。有些人靠武力，有些人靠吹牛，有些人靠钱财，有些人靠偷情，还有些人靠权力。

梅兰芳的法宝是：让自己归于平淡，低于尘埃，从而安详豁达，看轻权力名情。

这是境界比较高的"不怕"，也就是人们常说的"大勇若怯"，一般人很难做到。小人物能做到的，无非是捏紧拳头，或是在书本上画下红线，然后一遍遍说："不经历风雨怎能见彩虹，爱过了就不要说后悔。"

是啊，做都已经做了，还沉浸在后悔中干什么？

要知道，有选择的人，才有后悔的资格。虽然安妮错过了一段情，但她并没有遇到过更好的对象呀，所以，谈不上后悔二字。

之所以患得患失，只是因为觉得自己输得丢人吧。但在我看来，这件事，若说丢人，男生可能比她还要丢人，若说输赢，他一样也有输的地方。

想想吧，这么深厚的情谊，他却置若罔闻五年多，他难道就没有后悔吗？但是话说回来，为什么要做五年失魂落魄的暗恋者，也不肯告诉他实情呢？是梨形身材吗？是性格暴虐吗？是口碑极差吗？还是面相狰狞腿部有橘皮？

人年轻的时候，谈恋爱应该只享受快乐，别考虑其他。比方房子、收入、长相、个头、七大姨八大姑，或是配得上配不上，等等，这些东西，面临结婚时，再去考虑也不迟。

谈恋爱，又不是谈生意，动不动就想到会输还是会赢，就太没意思了。这样不仅失去了人生乐趣，也白瞎了做人之道。

感情之事，现代人最讲究"练达"二字，大家和和气气，稍尽绵力，适可而止。再也不是中世纪，非要你死我活，纠缠不休的了。旧时代的人有大把时间可以消磨，什么事也不做，才可以风花雪月，

现代人工作生活压力这么大，爱情只是天地万物中很小的一点点，有则嘉勉，无则不悔。

随性而安就可以了，彼时彼景，上床或分手，即使做了错事，也只能忍痛上路。

在我看来，这个故事里，并没有什么输赢，只有惧怕。安妮惧怕去爱，不敢追求自己想要的幸福，其实，那才是真正的丢人。

至于对那个男生，不就是说一声"祝你幸福"，说一声"沙扬那拉"吗？这等小事，有何难哩？

爱情的别样风味

——与美丑和好坏无关，爱情更多的是当下心境

电影《美好的一年》的男主角是好莱坞新宠拉塞尔·克劳，故事没有跌宕起伏，视觉相当唯美。只是导演斯科特抛弃了《角斗士》、《美国黑帮》、《汉尼拔》等激烈尖锐的商业眼光，转向清新柔美的田园风光与文艺表达，很是让人慨叹。

镜头一遍遍扫过法国普罗旺斯浩茫无边的薰衣草种植园，每一株薰衣草都随着温柔的微风，慵懒地摇曳。男主人公麦克斯衣着随意，略显老态的脸上带着傲慢，他是伦敦证券交易中心的一个银行家。他在期货市场上覆雨翻云，深得上司赏识，却在一次度假结束后，工作被一个比他更工于心计的家伙钻了空子，无奈之下他成了失业者。

但这时，正如我们常说的那句话："天无绝人之路"，麦克斯远

在法国的叔叔亨利过世了，留下了一个不大不小的葡萄园给他，还有一座古旧的乡下城堡。于是，麦克斯有了散心解闷的好去处。

起初，麦克斯只想看看葡萄园，然后把它卖掉，但他没有想到，这个有些落后的葡萄园竟吸引了他所有的注意力，之前的想法也发生了彻底的改变。麦克斯认识了当地一家咖啡馆的女招待芳妮，在与她的相处中，他在这里同叔叔一起度过的童年记忆、曾经的梦想和愿望也一下子复苏了，一来二去，两人不禁萌生情愫，加上庄园归属问题，一时还难判定，麦克斯便以此为由，顺理成章地待在庄园，享受难得的一年好时光……

电影拍得如此美丽，尤其是拉塞尔从影片开始不羁狡黠的眼神，渐渐转变成眷恋乡间旖旎景象的神态，更是动人心弦。

影片表达的是文艺作品的老主题：回归自我，人生归属，放弃追名逐利，返璞归真。但如果仅仅停留在这个层面上，肯定又嫌简单了。因为电影还有另一个名字叫《韬光养晦》。对麦克斯来说，所谓返璞归真，不过是一个利用有限假期逃离现实的结果，和芳妮的爱情，也不过是他在领略乡村奇妙生活之时的一次心动而已。

的确，人的一生，难免会处在很多种不同的阶段中，如固态到液态的变化一样，而身处不同的状态时，自然也会决定他遇到的一切，包括爱情，包括突然爱上的那个人。

麦克斯在伦敦度过了生命中绝大多数时光，最能实现他个人价值的，还是在证券交易所，尽管那里物欲横流、阴险狡诈、勾结算计，但这个现代文明高度发达的城市，才是他真正的家园。影片结尾是一个看似甜美的喜剧，但谁都会知道，麦克斯依然会离开乡村，重返以前的生活。

那么他和芳妮的爱情呢？他们将会怎样？无法想象，这份安逸、恬静的情感，离开了清新的空气、粗犷的葡萄藤架、雾气弥漫下古典敦厚的老宅大门、泳池边厚厚的落叶，以及咖啡馆突然的邂逅，还会像我们看到的一样美好吗？他们的爱情，必然是要伴随着特别的景致与心境，才能温柔地爱抚观众的心啊，否则，哪里还有浪漫可言？

普罗旺斯的爱情，永远不能是伦敦的爱情。麦克斯在这里会爱上芳妮，但如果在伦敦或纽约，如此一个端咖啡的姑娘则永远不会进入他的眼里。所以，爱情只是一个人在某个特定人生状态下的心情投影，而并非像我们所讴歌的那样，都是深思熟虑的结果。

影片这段爱情插曲，也令人想到身边很多的男女故事，有时我们无法明白他或她怎么会陷入那样一种感情之中，或者他或她怎么可能喜欢上那样一个让人无法想象的人，还有，人生难免荒唐，但一次应该就可以了，可他或她却怎么会那么执著地荒唐下去——这可能就是答案了，其实一切的一切，都和爱情无关，和那个人是好是坏、是美是丑无关，所谓爱情，只是他或她在某种人生境遇下的思想表达而已。

的确，我们实在需要时不时地看看《美好的一年》这样的心灵之作，除了小小的解压，除了寄托深藏于内心的田园情结，也需要看清人生有可能存在的不同状态。如何在压力下学会"幸福地逃避"，在不同的人生状态中找到生活的快乐，自是一门学问。只是涉及爱情，这能满足人超越平凡生活的渴望，却也同时会要求地久天长的东西，可能就需要比电影里一味的浪漫，多费一些思量了。

真朋友要付礼金

老同学离婚后，一直放不下的，不是财产分配是否公平，儿子和对方新女友相处是否和谐，甚至也不是自己失眠无救，心情近乎崩溃，而是前夫肯不肯认她做朋友。

在她看来，离婚后，两个人还能保持一种朋友关系，非常重要。因为有这层关系，她曾经的社交圈就不会断裂，两方曾经的家人，也不会变得陌生。要知道，她和自己的大小姑子关系都很不错。而前夫认识的那些有趣的朋友，也不会因为他们离婚而离她远去。

于是，离婚后很长时间，她还是会经常主动跟这些人联系。约前大姑子一起去做按摩，叫前小姑子一起去逛街，为了表示自己是个宽宏大量的女人，她还为她们埋单。

周末，她主动打电话，约前夫曾经的朋友一起出来吃饭。毕竟离婚前，她和这些人是常常在一起吃饭、聚会、聊天的，那时她靠在前夫的身边，听他跟这些人滔滔不绝，看他们觥筹交错，还常常替前夫挡上几杯呢。

这样快乐的生活，总不能因为离婚，就一笔抹消吧？毕竟她和他们，不都还是朋友吗？

可是，事实却不尽如此。

即便她付出了时间、心血，还有金钱，满心希望一切都还能和

从前一样，只要她面带灿烂的笑容，用上良好的态度，再配以大方的举止和谈吐，只要谁也不提那个伪君子——哎，好吧，就算提起来了，她也能做到从容不迫——总之，只要她没有什么改变，她和他们，就还能和从前一样，不是吗？

偏偏不是。

前大小姑子，要么迟迟不接她的电话，要么接了她的电话，也能找出无数理由，推托这样的见面。无奈老同学毫不气馁，甚至等在楼下。好了，商店转了，牛排吃了，衣服也买了，她也送了她们礼物，可她们的语气、眼神、动作，就是和从前不一样了。

现在她们很客气，每句话出口之前，都仿佛要在嘴里先涮一涮。她们不跟她谈任何关于自己兄弟的事情，甚至连侄子也不谈，她们也不过问她最近的生活和工作，而这些内容，曾经是她们之间的主要话题。现在她们谈什么？反正时政娱乐八卦什么的，很丰富……

而他的那些老朋友、老同事、老搭档、老客户呢？嗯，他们和前大小姑子很不同，他们比她们更愿意谈点什么，比方和前夫最近联系了吗，需要我们再做点工作吗，儿子有困难就吱声，你放心我们永远支持你，男人真他妈的不是东西，我们是男人但我们也看不惯——可这些话题，偏是她最不想听的、不想说的。

事情和从前明摆着不一样了，如果说离婚是一波打击的话，曾经的朋友，变得不再合自己的心意，是一波更重的打击。

她认为所有的问题，正是出在前夫没有拿她当朋友看上。如果他们还能是朋友，这些关系，就不会发生变化。

这有点像是皮和毛的关系，老同学聪明一世，糊涂一时，皮之不存，毛将焉附？前夫是皮，他的老友们是毛，皮走了，毛当然也纷纷跟着皮走了。

前夫不肯直接对她说，自己并不想跟她做朋友。按着前夫的想法，这事儿自有约定俗成的做法，大部分离婚夫妻，不都是仇人相见分外眼红的吗？我们按着大家的路线走就挺好，干吗要整那些幺蛾子？

希望像谢贤和狄波拉那样，各自带着自己的新欢，约到一起去喝茶？

大姐，拜托，这得需要何等心理素质，不要这么不现实好不好？

前夫心里跟明镜似的，也晓得老同学这是什么心理。做朋友是借口，想补偿才是真。即便离了婚，可还能互相来往，气氛也不错，知心话还能说——她要的，不就是这个吗？

只是前夫已有新欢，而且正在兴头上，找感觉和躲麻烦，一样重要。

老同学为此难过了一年多，一直摆不正自己的位置。终于，前夫再婚了，给她发了邀请函，而且特地注明："请将礼金交往 XX 处。"

我说，得，这会儿他一定已拿你当朋友了。

要知道，真朋友，他是不会放过你的礼金的。

情场如战场

——猴急猴急的，早晚被人家当猴耍

"情场如战场，什么手段都可以用。"这是一句法国的谚语，道出了爱情的残酷，也道出了结果的不可预测。

看看君茹的故事，就知道了。

一年前，君茹认识了一个男人。男人有家庭，但和妻子感情不太好。他是个成功人士，各方面条件都很不错。既然是真心相爱，君茹当然也希望能有一个好的结局。

她希望他能为她离婚，她也不在乎他有孩子，不在乎他大自己很多。毕竟是情到深处，说出这样的话，也在所难免吧。

男人没有完全拒绝，但告诉她说需要时间。在这个过程中，两人相处得很好。

君茹有一个要好的女友，什么话都可以说的那种女友。于是，她对她讲她和他的故事。不知道是为什么，也许不愿女友因为她是第三者而看贬自己吧，她讲的全都是男人的好话，他对她有多好，多有钱，做人多么聪明潇洒，是个多么不可多得的男人……

但女友却总劝她尽快离开这个男人，还说这样的关系，根本不可能有什么好结果。她又帮着君茹去打探男人的情况，然后告诉她说他玩弄女性成性，过去好几年以来，像君茹这样的女人，经他手的就有好几个。最后下场都落得很惨，什么也没捞到。

女友劝君茹死了跟男人结婚这条心，赶紧弄点钱才是正事。

朋友的话，让君茹很灰心，何况看到男人对她也不如开始那么好了，于是找到他，跟他提出要分手费。

男人很生气，扔给君茹一把钱，态度简直就像在打发叫花子。

本以为这事就这么结束了，却没有想到，没过多久，君茹竟发现她的亲密女友，和那个男人走到了一起。现在他们成了一对情人。

据说，男人真的开始闹离婚了。

原来，女友对她讲男人的坏话，又撺掇着她向他要分手费，都是为了自己的这一步棋啊。君茹气得两眼发黑，怎么都咽不下这口气。

这场看不见的硝烟，是多么壮怀激烈，又满载阴谋和阳谋，真令人意想不到。

可是，事已至此，要怪，还只能先怪自己。谁叫君茹跟闺蜜什么都说啊？本来做小三就是件丢人的事儿，即便真觉得有真爱，也不能毫无顾忌地拿出来炫耀啊。炫耀和亲老公多恩爱，都容易招惹别人嫉妒呢，何况是跟别人的老公！

女友肯定会想，既然那个人家有老婆，还打野食，一定是尽如人意的那种男人，这么有钱，又这么风趣，这么会做人，为什么我们就不能有一腿呢？

而且，能抢到闺蜜的情人，也是一种巨大的胜利啊。要不然光看着闺蜜整天炫耀幸福，衬托得她很可怜，没人疼没人爱，好像相貌多差、性格多怪似的。

是人都有竞争心对吧，瞧，正是君茹的吹嘘，挑起了女友的昂扬斗志。

现实生活中不乏这样的故事，不管是好朋友，还是好姐妹，一旦爱上同一个男人，立刻变成仇人。

急不管用，恨自己的闺蜜不厚道，也不管用。对君茹来说，与其气得要死，不如吃一堑长一智。

君茹要知道，或许还应该感谢他们，等下一次再做第三者时，至少能从容一些，淡定一些。

千万别猴急猴急的，动不动就跟女友吹嘘，催着男方离婚娶自己，或是理直气壮地要分手费。

一个人，要是总那么猴急猴急的，人家当然只能拿她当猴耍呀。

第二章

女痴男迷，爱在新鲜神秘

一千个人，就会有一千种爱情。我们无法分清自己的爱情属于哪一种，但有一点是共同的：男人的爱情保鲜期短，女人的爱情保鲜期长；女人会为爱情死去活来，男人想的更多的是重整山河待后生。

不爱，何患无辞

——为分手找理由，其实内心早没情分了

爱到尽头，覆水难收。各种各样分手的理由，常常也让人看得眼花缭乱，仔细品来，甚是有趣。

最常见的是"紧"和"松"。

他看她看得好紧，不许她跟别的男性打电话，男同事也不可以。她跟女友逛街，手机没电了，他便猜疑她去跟别人约会，一路狂追不已，回来还越想越可疑，深更半夜，竟爬起来动手打了她。她，不能再忍受。自己又不是孙悟空，凭什么要戴着这个爱的"金箍"？别人听到表白都觉得幸福，可他一表白她就头疼，不如不爱。

这过分的紧迫，在另一对男女那里，却是遗憾。因为她从不像别的女人那样，对他紧盯、拷问、怀疑、跟踪、哭泣、吵闹……他流露出在外面向女人示好的迹象，她竟也不穷凶极恶，去抓破他的老脸，只是远远走开，不置一词。"她心里根本就没有我！"男人气愤地说，"哪个女人会对老公管理这么松？这是在放纵我啊！"

看客说：紧到无法忍受，是因为对爱已不自信。松到不闻不问，难道曾被重伤？

还有"穷"和"阔"。

他实在太穷，爱情在他心中则是高贵的。他的穷，怎能担负起这份高贵？虽然我爱你，但还是分手比较现实。

而他却是因为阔了，心境变了。他的糟糠之妻，已无法满足他现在的消费眼光——女人也是消费品，档次需按口袋里钱币的多少来区分——只能休了她。

看客说：有钱者休人，没钱者被人休，这是当代的真实写照。

还有"硬"和"软"。

当初喜欢她的泼辣，喜欢她做事的干脆利落。但现在看来，则越看越令人讨厌。泼辣成了野蛮，干脆利落成了刚愎自用。男人嘛，总喜欢女人小鸟依人会撒娇，为什么她像茅厕里的石头，又硬又臭？

不，她不要再多看他一眼。身为男人，不会抽烟，不会喝酒，不会撒谎，每天整理头发衣服的时间，多过吃饭和睡觉。这样的男人，软得像条虫。以前缠着你，是温柔，现在缠着你，是犯贱。

看客说：没有软，哪来硬？

林林总总的分手理由，总能找到相互对立的。不够美，或者太美；太胖了，或者太瘦了；过高了，或者过矮了。到最后，还有远和近的——他家在北京，外地女孩也没什么，但她家太远，都过了长江以南了。

天下竟有这么多截然相反的分手理由，是不是有些令人匪夷所思？

爱情开始时，对方哪里都好，不管高矮胖瘦，性格好坏，毫无道理地都喜欢。

分手时，总有理由等在那儿，当初的好，成了现在的不好；当初的情谊，成了现在的武器，凡此种种，强硬、生冷，不容辩驳。

不爱了，对方无论怎么做，做什么，都看不顺眼，怎么都能挑出毛病，想分手何患无辞？

但找点理由，总比没有理由要强。

就像宴会上对待盛装的俗艳女人，敷衍总是比直言要好。

约会的成本

——谁也别占便宜，小利比不上心动的感觉

一个女孩在论坛发帖，抱怨说留美回国收入不菲的男友，约会时却非要 AA 制。她气愤不平，认为这男人实在小气。

时代在进步，现在很多年轻人，是喜欢 AA 制的，不管是去夜店、唱歌，还是吃饭，心里知道，友谊想要天长地久，非得 AA 不可。

AA，的确有 AA 的好处，尤其结婚之前，它能让彼此更看重感情因素，而不必受金钱辖制。

可是另一方面，约会的成本，无论时间还是金钱，男女却大不相同。女孩子的不满，可能更多的，正是来自这里：对男人来说，约会无非是刮刮胡子，擦擦皮鞋那么简单；女人却不同，吃一顿小小的饭，就要花费无数。

精力事小，金钱事大，让我们来粗略统计一下：

第一步，沐浴。沐浴液；洗发水；护发素；吹头发时吹风机所费电费；如果发型比较新潮，自己做不出来，还得去美发店，再花一笔。

第二步，收拾布置房间。房间得收拾利索，脏衣服脏袜子全塞到洗衣机里去，谁知道吃完饭他把她送到楼下后，还要不要上来再

坐坐？客厅的茶几上，最少也得买束鲜花吧？

第三步，搞气氛。还得自备红酒，虽然他在美国当过穷学生，奶酪干酪可能都分不清，可说不定人家会动不动就挑剔酒的年份呀。

第四步，选衣服。是呀，衣服可是笔大开销。谁也不敢在这上面省钱。既要性感，又要感性，既要露点乳沟，又得遮点肚子，不能太过分，又不能太保守，衣服的搭配代表一种态度，比语言交流，更为有效。

还有香水、粉饼、眉笔、口红，一样都不能少！

最可怕的是，才刚出点汗，粉底就乱作一团，得，脸上堆积的不平之气顿现，倒仿佛还没见到人呢，就已经吃了亏。

这还没完，还有鞋子，还有包，还有丝巾。

鞋子又分好几种，平底的、高跟的、坡跟的，这得看去什么样的地方，才能决定穿什么样式鞋子。

坡跟鞋适合去家常馆子，吃完还可以坐下来聊一阵；穿平底鞋还是高跟鞋还得视对方的身高而定，他个头跟你差不多的话，当然就不喜欢你穿高跟鞋。如果万一，人家今天情绪不高，那肯定走起路来，也就弯腰塌背，你又怎么好意思穿高跟鞋呢？

折腾下来，比起平时上班，更容易让人身心疲惫。待两人坐下，还得打起精神，听对方说话。女人约会阶段，得谦逊、微笑、聆听，心里虽然不屑，表面还得频频点头，等被教育够了，饭也吃完了，结账时，还得自己付自己的那一份。

如此算来，女人付出的时间、精力，明显资不抵债。如此赔本买卖，既不公平，也不轻松，实在让人气不顺。

恋爱阶段，表现的是一个追求，一个被追，如果女方的约会成本这么高，哪里还有点被追的喜悦？

话是这么说，但眼光宜放长远些、更长远些。章子怡订婚前，肯定也明白，需要尊重对方的文化，不要随便花男朋友的钱。说不定订婚后私家沙滩日光浴，也还是自己出钱的呢。

计较小利，必失大益。重要的是结婚，婚后男人的一切，还不是她的？哪里有赢利不需要投资的呢？貌似高昂的约会成本，其实是最划得来的一笔投资吧。

不差钱，差风度

——其实不是钱的错，而是心态没端正

一个叫"灰云"的网友，由于被老公欺骗得很惨，和丈夫离婚时，发誓要使对方身无分文、流浪街头。她不仅花高价雇人打入老公所开的公司做财务，还花高价雇佣私家侦探。含辛茹苦忍受两年多，只图一朝翻身日。

她的理由很简单，血债要用血来还，情债要用钱来还。

钱，在现代社会，已成为人们做什么或不做什么的借口。

正因为这样，我们才看到太多人的行为方式，都烙上了钱的痕迹。

爱慕虚荣的，吃根萝卜，也要讲成国宴。四十元的裤子，非要人家猜成四百，才能心满意足。

头脑简单的，做任何事情，都以钱为标准。只要不从自己的口袋里流钱出去，无论怎样，就都算没有做错。

内心懦弱的，总是会为眼前一点好处，就放弃向往和追求。待日后回味人生时，却将遗憾归于金钱。

这样的故事，这样的人生，我们见过太多太多了吧？

钱蒙蔽了世界，也蒙蔽了真实的自我。

当我们难以认清现实，或认清自己与他人时，就很容易地，会将一次争吵或是疏忽，上升到赚钱多少的高度；将情感的疲倦，渲染成为钱而挣扎的悲剧；将工作的压力、对彼此心灵变化的不解，都归于该死的金钱——

我说，金钱有什么罪啊，要背这么多的黑锅？

其实，离婚是件最困难的事，需要清楚很多状况和后果。它让两个曾经相爱的人，变成仇人，其中蕴涵了太多的人生变故，积攒了太多的痛苦和欢乐。它本来可以让人悟到很多很多的东西，了解很多未知的情感。

它会让人明白，每一滴眼泪的落下，都绝非偶然，每一次心灵的破碎，都饱含深意。可是，为什么，就是有人宁愿放弃认识生命的机会，却只给自己一个烂到无法再烂的借口：钱？

是不是因为有钱当借口，我们就可以彻底撒野、暴躁、大搞阴谋、理直气壮、不假思索？因为我们也知道，即便我们是一个不美、不善、软弱、任性、报复心重，或是有超级坏脾气的人，只要兜里有钱，就不怕没人爱我们？

钱的悖论，可能正说明了钱的本质吧。

一方面，兜里有了钱的人才会讲素质、讲风度、讲慈善；另一方面，一个为钱而要死要活的人，也会因为钱而面目全非、身心崩溃。

动辄大发脾气，难以自控，其实不是钱的错，而是伊本来脾气就坏。心怀仇恨，预谋钱财，那也不是钱的错，而是伊聪明有余，却心胸狭窄。

一心爱钱的人，只会用钱来报复他人。做人做事以钱为标准，钱就是原动力、催化剂、强心针、推土机……

可是，生活中的"灰云"，其实并不差钱。比起大多数女人，她堪称富裕。

她差的，是风度，是困难当前，却难以从容担当的心境吧。

爱你，就要给你钱花

—— 男人的心思，都体现在行动上

前面写到约会的成本，是男女双方确定关系前，最好实行 AA 制。这里说的是恋爱中的，花钱代表了男人的行动。

相恋的男女之间，总有一方要跳出来，找跳蚤一样，寻找向对方表达爱的方式。体贴，陪伴，甜言蜜语，尤其是女人，更是容易将对方的付出看得很重。除了精子，就是金子，以至坊间广为流传的一句话就是："他爱她，就会给她钱花。"

是否给她钱花，俨然成了爱与不爱的重要标准。

我在很多女人的嘴里听过这话，甚至一些年纪不小了的女人，也对此深信不疑。对某个男人产生了疑虑，首先就会用对方给她钱的多少来做爱情的验证码。但其实仔细探究起来，这句话，就跟男

人说"如果她爱你，就会跟你上床"一样，听起来蛮理直气壮，其实是不能当真的。

因为有很多女人，可以不爱某个男人，也会跟他上床的，以此类推，男人不爱某个女人，也是肯为她花钱的。

比方交际花，她的职业就是从男人那里拿钱。而且拿的人数越多，才越有职业操守。男人们呢，也希望给她钱的男人能多多益善，这样他才有得攀比，能有更多自信。可你能说他给她钱，是因为爱她吗？

以此类推，还有小秘。钱，在这样的男女关系里，是绝对的必需品。如果他给她花钱，就是衡量爱不爱她的标准的话，那我们就得为这类感情大唱赞歌先。

男人肯给女人花钱，在我想来，首先是一种投资。作为人，我们谁都不能忽视金钱的基本用途，它就是一种利益的交换。他付钱，无论是在她这里买安宁，买快乐，还是买性满足，买面子，都是他所需要的，都是为了有更好的享受而已。要收获，总得先投资吧。这个道理，现实感比女人天生就强的男人，是从小就无师自通的。

其次，男人给女人钱花，也是最简单最不麻烦的办法。老婆要闹，给点钱。情人要哄，给点钱。小秘要稳，给点钱。给钱，只是因为他在感情的表达上，越来越匮乏了，有那个解释哄劝表白的工夫，还不如花点钱利利索索解决呢。

除了这些，他给她钱花，应该还有很多因素：炫耀，习惯，怜惜，打发，如果她本身就是一个看重钱的女人，那这简直就是他的福气了。他会到处去说：女人嘛，总是最容易对付的，没钱时，多说点甜言蜜语，有钱了，就多花点钱。可是居然还有男人说搞不定女人，那么这个男人，一定是天下最没用的男人了！

天底下，真的有不爱钱也不爱甜言蜜语的女人吗？既不"感郎独采我"，也不做凌霄花，沿着他荒凉的额头往上爬，而是要做一棵树，跟他肩并着肩站着，根在地下长到一块，风吹来的时候，彼此用树叶儿致意——钱不是爱或不爱的标准了，情话也不能回回管用了，作为树的女人，当然得拿出百倍的精力，就算为了彼此能在空中致意，她无风也得起点浪啊！结果是越爱他，就越跟他计较。越爱他，就越跟他过不去。

男人碰到这样的女人，一定会觉得是一场灾难吧。

生活里真的有这样的女人，她们很难被收买，总是要讲道理。活得又认真又辛苦，也许正是她们，才会让人突然明白，其实"他爱你，就会给你钱花"这句话，虽然不是真理，但因为已成了一种世俗习惯，如同吃饭要用嘴巴一样，将它运用在活命法则上，的确是有它的可取之处的。

毕竟，我们都是小人物，在命运的长河里随波逐流后，早已学会了趋利避害。无论男人还是女人，过了草长莺飞的青春岁月，就失去了再和爱情继续叫板的勇气。爱到用时方恨少啊，让我拿什么来拯救你，我的爱人？他给她钱，用钱来表达爱情，说起来，不过是一种投机取巧、活得容易点的方法，这又有什么错呢？

再看这句话，虽然里面包含了无数同情、怜悯、感激、不忍，或是无耻、卑鄙、冷酷，等等，可这个时候，你权且是钱币，我权且为荷包。

既然把自己交给谁都不放心了，那么，用钱来说话，总没有错吧？

女人痴男人迷

——在恋爱智商上，女性总是慢两拍

有人拿火星人和金星人来比喻男女之间的大不同。毕竟，还有什么会比两个星球的生命有更多的差异吗？

最大的不解是，温柔贤淑、善良勤快的女人，却被丈夫抛弃，而投入他怀抱的另一个女人，相貌丑陋、刁钻刻薄。

多么像格林童话书里的故事啊。长着鹰钩鼻子，驼背弯腰，满脸皱纹的老巫婆，竟然将年轻英俊的王子，从美丽善良的姑娘身边夺走了。姑娘只是哭泣，但并不惊愕，因为在那个魔法盛行的时代，她知道，她的王子只是一时鬼迷心窍，被巫婆灌了迷魂汤，她得再去找另外一个巫婆，剪掉自己的头发，或是把自己变成哑巴，或是失去一只胳膊，就可以让王子脱离丑陋老巫婆的控制。但至于，他是否还能回到她的身边，或是回来后，是否还认得出她来，她并不知道。她的心里，充满了为所爱的人做出极大牺牲后的快乐，当然，也充满了前途未卜的忧愁。

故事的最后，必然是王子经过一段又一段感情之后，才认出这个面目全非、伤痕累累的姑娘，才是自己真正应该去爱的女人。他抛开了围绕在身边的那些妖冶、多金的公主，重新回到了她的身边。

这些故事告诉我们，中途夭折了的爱情，想失而复得，比起一般的情感闹剧，注定要来得艰难痛苦得多。

王子被施了法术，六亲不认，好歹不分，他才不会觉得自己做得有什么不对头呢。姑娘呢，姑娘心急如焚，眼瞅着他要将自己的美好前程，断送在那样一个女人手里。解决的办法，不是没有，一走了之，最简单最干脆，同时还能自保。至于爱得深的，则又分为两种，一种是一哭二闹三上吊，非要让他回到自己身边来不可，另一种是默默忍受，痛苦到面目全非，再等他幡然悔悟、重新寻来的那一天。

一哭二闹三上吊的，是要挟，对方并不是心甘情愿，严格说起来，不能算挽回。至于默默忍受，别说童话年代，就算王宝钏，也已经离我们太远了。到底有几个人，真能像故事里的姑娘付出头发、舌头、肢体等，将自己最宝贵的年华、热情、尊严交付出去，等王子重新回来？

有句老话叫做：女人痴，男人迷。此话道出了男女两性在情感上的本质差异。

当男人坠入情网时，缠绕在他心里的，常常并不是爱情，而是一种迷乱。他会被对方的美丽、魅力、个性、灵气甚至是邪恶、放荡所迷惑、所颠倒而无力自拔，常常甚至连自我保护意识都完全失去。

古今中外有多少类似的经典名著啊，比方《洛丽塔》，比方《茶花女》。为一个十二三岁的女孩子放弃所有，为一个妓女，众叛亲离，是那么不可理喻吗？

相比之下，离开温柔和顺的妻子，和一个不咋样的女人鬼混，基本属于小儿科。

它无关伟大的爱情，只关糊涂的迷失。

女人的好，此时此刻，并不重要。有时候，她越对他不好，他还越是着迷呢。反正又不是选老婆！

如果能弄明白这个道理，就不会再纠缠为什么好男人也会爱上坏女人了吧？它不过是金星和火星的不同罢了，怎么跟一个失控的火星人计较呢？

追求与被追求

——炫耀过去，是给现在的失败抹黑

小满分手后，她对人说起从前的恋爱经历，一脸不屑和鄙薄："那时他追求我整整一年，几乎每天都请我吃饭。"

这种语气，仿佛之前被追过是件荣耀的事，即便现在被抛弃，心理上也占了优势。

还有，小满还到处对人说前男友曾经怎样低声下气，提着鞋子跑，都赶不赢，如果不是她肯低就，哪里有后来和他在一起。

好朋友听见这话，站在义气一边，当然是赞同的。

纷纷安慰：早知道，就不给他追了。

或是：不过是势利小人，何必跟他一般见识？

还有：追的时候那么卖力，到手后却不珍惜。这样的人，性情本不可靠，不如痛快分手。

这些话，说出口，还真有点一日被追终身被追的感觉。拿来做自我安慰，大概是不错的解药。

但如果非亲非故，听到当事人说起当年被追的话，心里想的，可能全然不是这么回事。

追过又怎样，不是现在都不追了吗？

人心哪个不是变了又变？也许正是如今看清了面目，才转而去追别人的吧。

被追一年，又不是什么英雄事迹，拿来这么讲，又有什么意思？

听多了这些话，讲礼数的会默默无语，不懂世故的，索性会不耐烦，听也不听，不是打岔，就是转移话题。

热情在时，谁又没有过追与被追？人都不在身边了，还沉浸在几年前的情绪中不能自拔，说些没用的废话，何苦来哉？

到底是你旧情难忘，还是希望他追心未泯？

如果他用一年多时间，请你吃饭，觉得历历往事，可以用来自我安慰，放在夜深人静之时，当做回忆最好。

千万别再于众人面前，屡屡提起。要知道，当初他撒了欢地追求你，不过是因为当初你比现在可爱，比现在漂亮，比现在年轻，比现在有趣，比现在更有被追的资本。

现在不追了，无非是你不如当初可爱，不如当初漂亮，不如当初年轻，不如当初有趣，不值得如当初那么去追了。

感情和自然界的生物一样，也会有生有死。见过哪片树叶落下时，大喊大叫，非要人们记得它曾经的葱郁吗？

它选择沉默，是因为知道时间到了，再多说什么也无用。

不追了，说明感情没有了。分手就分手，再提当初追或不追，已毫无意义。

何况，真要说起这个话题来，他也不是没有话可说的。

比方他会说：那一年里，她天天跟我一起吃饭，用尽了心机。我只好跟她在一起，说起来，全怪对方追我追得紧啊。

听上去，男人说的也没什么错。看来，各有各的理由。

恋爱受气包

——当不了受气包，硬碰硬会将好与丑统统弹走

谁也躲避不掉的一个法则是，与人接触，多多少少都会受气。

恋爱也是一样，是两个人的事，不仅受别人的气，自己也会给他人气受。

可是给别人气受，一般是不会记得的，也不会搁在心上，转眼就忘了。但受点别人气，却刻骨铭心，点点滴滴都在心头，很多年后，数落起来，还历历在目，一一放在心头。

鹰派女子，早早明白事理，知道现实残酷，谁也不会专门照顾谁弱小的心灵。如果情绪特别敏感，面皮特别脆薄，动不动就要争个谁高谁低，早晚吃亏的会是自己。只要无关大是大非，没有第三者，也无生理重疾，所有事情都可以好说好商量。头一天吵得再不可开交，第二日也会扯起笑脸，该干什么干什么。

现代社会，哪个年轻女子没有经历过同侪倾轧、上司欺负？既然在外觅食，就不能拿自己当娇嫩的花朵。恋爱也是一样，受不了，自然要遭淘汰。

鸽派女子，日子也不好过。长期向对方索取依赖，要对方无微不至地照顾安慰，无疑吃嗟来之食，自己本身就不够坚强。一点点火气，也能让脆弱的关系就此崩溃，所以特别没有安全感。

叫林小莫的女孩，和男友又为一些琐事吵了架，她无法接受他斤斤计较，喊出"分手"二字。谁知道对方竟痛快答应，就好像等着她说出这句话似的。这让她特别伤心，不明白自己出了什么问题。

因为，从十七岁开始第一次恋爱，她已经交往过八个男友，最长的一次是九个月，最短的才两周。每次分手，都是因为一些莫名其妙的小事，真让人怀疑，自己的脸上，是不是写着"受气包"三个字？

男生们总是会为一些小事无端给她气受，为一些莫名其妙的东西争个高低。大到先去看谁的父母，小到方便面的泡法。曾经和一个男友分手的原因，就是因为抢耳机！

林小莫说，自己从没有碰到过一个肯忍让她的男生。他们几乎都是一个嘴脸，熟悉前猛巴结，熟悉后就开始要我温柔。在感情上，她不愿受制于人，只希望能有一个宠她爱她的男友，这样的愿望，可能也是很多女生的心愿吧？

因为林小莫的心结，是先发在报纸上的。我解答之前，已有读者写来邮件，有赞同的，也有批评的。但大家都说，如果从十七岁开始恋爱，说起来也算是出道早的。为什么这么多年过去，依然没有吃一堑长一智？

都说越早出来受训就越好，因为趁年纪轻，适应力强，思想灵活，能尽快学会与人相恋之道。知道有意或无意之气，都是生活中的一部分，必要时，必须将它们滑掉、卸掉、忘掉，不然早晚活活

气死。

对爱侣无原则地忍让，应该出于自愿，真情流露，而不是在威逼之下，无可奈何地去奉献。除非拿受宠当做一宗生意，事先议定条款，而且也给对方一定的利益可图，否则，他凭什么无原则地忍让？

为抢一副耳机，或是因方便面的泡法不同，也会吵架，以至闹到分手，除了说明林小莫运气不好，总是遇到自私重利小气之人外，也说明她还真是够天真，拿自己当世上唯一的天神，只能崇拜，不能受气，她自己的原因会更多一些吧。

气的解药是忍，忍无可忍，也要重新再忍。谈情说爱，和出来打工是一样的，能受委屈者，并得到自己所希望的，方算强者。就像太极中的柔术一样，你打一拳来我接了，把你的力量化解掉，顺势将你拉到我这边。

唯欠缺涵养者，必多多失分，到头来，失败的总是自己，不该好好总结和改变吗？

爱情保质书

——相爱的人是心灵相通，其他保证没用

爱情的质量保证，从何而来？

有人说钱，有人说性，还有人仅仅喜欢甜言蜜语。但这些都尚且好说，最怕的是拿生理问题开刀。

比方说处女膜。很多情感故障，最后都和它有关。还有胸大胸小，也是一个问题。有趣的是，现实中很多女人，其实比男人更在乎这些。比如有"处女膜情结"。

因为之前有同居或流产史，对现男友心怀愧疚者有之；因为乳房太小而自卑，总担心男友会离开者有之。更过分的是，为了挽救感情，有人竟要去做整容手术。

不仅补膜，还要隆胸，整脸！

宁愿做硅胶美人，忍受不明物质对身体的危害，再搭上生育后无法哺育孩子的遗憾——做出类似事情的，全是女人，并没有哪个男人举着枪，顶在她后面，逼她做生死选择。

本以为做了手术，就有了爱情质量保证书，可以一劳永逸，谁知道，生活和这两坨劳什子，关系并不很大。感情该破裂时也依然会破裂，婚姻乏味时依然会乏味。正如岁月，该老了，必然就会老去。和硅胶，并没有太大关系。搞不好，反而给对方糟糕无比的口实。

亲爱的，你要对自己负责，当然不必隆胸，也不必去补膜。

既然对方要分手，总得找一个理由吧。说你胸太小，或是不是处女，和说你太漂亮让他晃眼，其实都是一样的，不过是个借口而已，何必当真？他只是对你没感觉了。

彼此都是成年人，爱谁不爱谁，并没有人逼迫，只是各取所需。

有爱大波的，自然就有喜欢小咪的，至少不会早早下垂是不是？

有在乎处女的，自然就有更看重性格、相貌或其他的，至少女方有多一点性经历，不会死死抓住非要他负责对不对？

如果男人拿女人的胸小或非处女当分手的借口而且当面说出口，除了他不想继续恋爱之外，还说明他头脑幼稚、缺乏教养，不会跟人好好说话。

　　因为大部分正常人，跟情侣分手，都不会拿对方的生理当借口。

　　稍微懂点礼貌或是稍有理智的人，都会说感情不和。敢直截了当这么跟女人说话的男人，很可能心理变态，不大正常。所以女方需要做的，并不是拿他的缺陷惩罚自己，而是怀抱侥幸，赶紧一走了之。

　　有大胸情结，或是处女情结的男人，是将胸脯或处女膜当做了产品质量保证书，不管产品好用不好用，只相信那张质保书——就算是假的质保书，也会心安理得。

　　这是有点可笑的事情，没必要跟着瞎起哄。而且正如开头所说，这个世上，很多男人，并没有大胸情结，反倒是一些女人，才总是对此念念不忘呢。

　　我们得相信，爱情是这样一种感情，一旦喜欢，就全盘接受。无论对方是麻子，还是穷陋之家，无论对方有无处女膜或是否为太平公主。相爱的人，自然有彼此看重的东西，比方她温柔、勤快、懂事、有女人味，或是他风趣、幽默，等等。相反，如果你是一个冷酷、凶狠、好吃懒做的女人，就算你有大波或是处女膜，也不管用。

穷女人的工作和恋爱

　　——爱情不是奢侈品，再穷也有资格去享受

　　学历不高、没有丝毫家庭背景的宝莉，用了十几年的时间，才从一个打工妹，做到了高级白领。买了房，有了户口，还在公司人了股。

就在这时，公司却因资金周转不灵，暂时关门。宝莉和一大批中层干部，都被待岗停薪。靠着手里不多的存款，过起了闲散生活。

忙忙碌碌十几年，从没有好好休息过，正好借这个机会，也给自己放松放松。同时她还有个打算，想利用这段时间，把个人问题解决掉。

宝莉三十多岁了，也有过几次恋爱史，可因彼此工作都太忙，都是要强之人，谁也不肯为对方牺牲时间，做点奉献，三天一大吵，两天一小吵，最后只好一拍两散。

因为有过之前的教训，宝莉只希望能找一个能照顾好家庭、脾气性格也够好的男人。至于他挣钱多少，并不重要。

所以见到的，也都是些很普通的男人，干部、军人、职员、教师，等等，可谁知道，他们一听到宝莉待业在家，通通表示：以后再说。

宝莉很迷茫，工作不是不可以再找，只是一旦开始工作，又将会是新一轮的奔忙。她是个标准的工作狂人，很难想象，晚上不加班，而是去吃饭喝酒谈恋爱。

现代都市里，像宝莉这样的女人，还真是不少呢。哪个从读书伊始，没有被谆谆教诲过呢：要自力更生，要自强不息，要赚到足够多的钱，才有条件想爱谁就爱谁，想不爱谁就不爱谁。

当然，话也可以反过来讲：女人总是要嫁的，学得好不如嫁得好。嫁汉嫁汉，穿衣吃饭。

两套理论，都气壮山河。随便拈出哪一个来，统统很好用。反正花无百日红，风水轮流转，等到结婚成家后，再将对方束之高阁，

他负责洗衣煮饭带孩子，她则在外面奋斗奋斗再奋斗。

哎，别说男人，就是女人，隐隐约约看到结婚是这样的下场，肯定也会避之不及吧。

应该讲，结婚是人生中很大的一项工程，绝不是中场休息的即兴节目。意识到这中间有一定难度，有一个轻松随缘的心态，穷女人也能谈场富恋爱，相反，如果心急火燎、一心只想让对方为自己多多付出，富女人也只能谈穷爱情啊。

现代人已很少肯为恋爱而讨好对方了，比如殷勤、手腕、吃醋、勾引等，都嫌这些太啰唆了，但像解决工作难题一样，专门划拉出一段时间，把个人问题解决掉，并能说得理直气壮的，还不是太多。

既然是工作狂人，并没有多余的时间给家庭和亲人，不如就不要结婚了。否则对不起男人和父母，还要生个孩子来白白送死，岂不太不厚道？

如果想结婚，就要付出时间精力和金钱。如果不想付出，只是贪恋一个婚姻的名义，那就还是自己这么过着吧。

宝莉也许会说，那怎么行，等我赚足了钱，富裕了，也已经50岁了，难道那时再谈恋爱再考虑结婚吗？

有可能啊，那又怎么样？

50岁拥有一个幸福的婚姻，也许比30岁结一次不幸的婚要好很多，因人而异吧。

抑郁，让人越挫越勇

——寻找解脱，通常会去麻醉自己

现代的很多女子，经常患上一种叫做"抑郁"的病，而且有人还乐此不疲。据说有人借此为理由，支撑其反复不定的内心，令人琢磨不透。

比方沉迷于一夜情，或总是喜欢脚踏几条船，更有甚者婚后外遇不断的女性，其实都患有轻微抑郁症。

她们往往面临着感情需要无法满足、童年阴影、自我期许低下、有严重自卑感等问题，为了逃避沮丧情绪，需要靠"谈情说爱"抑或奇特的性经历，来获得刺激。

因为抑郁，所以放纵。

尤其当事人不能自拔时，往往处在内心非常混乱的阶段。

有部分人，在抑郁初期，"性趣"会特别增加，并体验到前所未有的快感。

曾有个爱上一夜情的女子说，一旦陷入平淡生活，立刻感到暗无天日，非要靠新奇的异性，才能感觉有活力。

但后来，随着生活渐渐顺利，心情逐渐开朗之后，抑郁症不药而愈，她也就摆脱了四处寻欢的过程。

之所以需要一夜情来摆脱烦恼，其实是有原因的。

一来，她是一个缺乏自我快乐能力的人，非要将个人快乐建立

在别人身上，才可以体会到被支持的力量。

二来，她是一个难以和他人沟通不良情绪的人。性高潮，在某种程度上，可以转移倾诉痛苦的艰难感。

三来，从人体力学的角度讲，性行为，也是一种肢体"攻击"。而类似生气、愤怒的不良情绪，总是需要向外宣泄的。

如果用食物来形容一夜情的话，应该说它比较类似于鱼翅。因为实在太不家常，尤不适合在家DIY，最主要的是，抛开稀有、独特外，厨师的技艺，同样特别重要，谁听过一夜情有草草了事的？

无论是爱还是恨，鱼翅都能唤起食客强烈的反应，因为鱼翅是经济指标之一啊，但鱼翅可以吃得很富贵，也能弄得很恶俗。在泰国的唐人街，还有为香港游客专门炮制出的鱼翅快餐，四十多元一碗，粗翅壮针，吃毕，不知该愉悦还是该焦虑，怎么都不舒服。

任何非正常的行为背后，都有微妙的心理因素在作怪。

见过被评价为坏学生的孩子上课是怎么捣蛋吗？他为何乐此不疲，越挫越勇？

这是因为一个人违反道德纪律的时候，会觉得自己超越了世俗的限制，表示自己能力很强，比别人能干。尤其是对自己某方面不够肯定的人，常常会情不自禁靠触犯禁忌来增强自信。

一方面，对稳定的关系不抱希望，幸福感必将有所减弱；另一方面，遇到了生活难题，却因软弱彷徨或自卑，难用正面力量去解决，只能转求于性，麻醉自己，以求暂时的解脱。

四处寻欢，看起来轻松易行，时间渐长，无疑会加剧一个人的挫败感和无力感。这就像偶尔吃顿鱼翅，没有关系，但顿顿吃，谁的胃也受不了。

所以，一个性关系混乱的女人，很大程度上，并不是因为她魅力出众、手段高强，或是感情比别人来得丰富。

如果不是为了谋求利益，很可能只是心情压抑，精神状态比较混乱，那真是心理出问题了。

两女爱一男

——女人的友谊，越是亲密越脆弱

有些女孩子，似乎天生就爱抢女友的男朋友。和女友关系越好，就越喜欢做出勾引对方男友的姿态来。这样的女孩子，到底是一种什么心理？是心无城府，还是占有欲太强？或者仅仅是，她的人格心智，还都太不成熟？

太湖边上长大的女子若林和男友之间出现了裂痕，他对她不再像以前那样好了，反而跟与她形影不离最最要好的女友走得越来越近。

直到某一天，他拿她的手机上网，跟她的女友聊 QQ……若林无意间看到了这些聊天记录，终于明白了一切！

关于两女爱一男的故事，以前曾看过一个法国电影，还是两姐妹呢，风情万种的姐姐有了男朋友，情窦初开的妹妹也爱上了这个小伙子。

男友当然也很难抗拒妹妹的示好，而且她爱得是那么刚烈和脆弱，和姐姐的爱比起来，更有一种激烈的情怀在其中。

　　后来怎么样了呢？

　　后来是岁月荏苒，男人远去，作为两姐妹青春期的一段记忆，他甚至面目模糊，语焉不详。两姐妹却就此人生改变，益发坚强。

　　姐姐离开了家，去大城市寻找理想；妹妹斩断情丝，发奋努力。然后，她们各自有了自己满意的事业和生活，并且成年以后，情谊更深。

　　回忆起曾经的经历，依然有着淡淡的伤痛和尴尬。但也终于明白，人生就是这样，复杂的情感，总是和隐秘的成长、彻悟联系在一起的。

　　我喜欢看这样的片子，喜欢所有的混乱和复杂，最后都能落实在安详而深情的人生态度上。

　　虽然现实生活中，两女爱一男的故事结尾往往不是这样——

　　我们更容易看到的是，不管好朋友，还是好姐妹，大抵会因为爱上同一个男人，转瞬之间变成见面眼红的仇人，就像若林的故事。

　　在那部法国电影里，妹妹和姐姐多年后，曾经讨论过这段感情。妹妹的认识是这样的，因为她一直生活在姐姐的阴影里，她的成长，从小到大，每一步，几乎都踏在姐姐的脚印上。所以，姐姐的影响，才会大到足以让她轻而易举地就爱上她的爱情。

　　这也是两个非常要好的女人之间，反而容易出现爱上同一个男人的原因。她们一起吃饭睡觉，她的什么，另一个都可以分享，于是，男友当然也是可以分享的了。

　　女人的友谊，现实生活中越是亲密无间，精神上就越会进入沉溺。总有一个会沉溺于另一个，很难走出来。

　　我是不大喜欢女人和女人间毫无芥蒂的，或者从根本上说，也不喜欢人和人之间的亲密无度、过分依赖，无论结果是否会爱上她的男友或他的女友，都会带给自己自责和不安。

两姐妹随后急切地要证明各自的独立，分道扬镳，其实就是一种青春期不可缺少的自我确认。电影里没有更多的细节，来描述她们分手后的决绝和愤怒。但我想，她们随后的宽容和解，一定离不开当初的困惑、对背叛的诅咒和沉重的自责。

人生道理，最后总是要靠挫折甚至孤独才能明白的。她们以后的成长，必定伴随着独自承担、独自分享和独自解决的过程——不论是交友、爱情，还是曾经相濡以沫不分彼此的手足姐妹，这份独立，都不可或缺。

看套识男人

——口口声声说为了爱情，不要细节就是虚伪

有个老电影，叫《闻香识女人》，叛逆、气盛、对风险人生无所畏惧的盲上校，在决定结束自己人生的前夜，和前来服侍他赚取节日小费的高中生，交上了朋友。他们在彼此的生命里，汲取了战胜绝望、摆脱困难的勇气。女人香，在这部电影里，只是一个符号，代表着生命中柔软、美丽、意味深长的那些东西。

以后，这个句式，总是被人轻易运用。比方：穿鞋识女人，背包识女人，西装识男人，看钱识男人……得，现在，还有一个：看套识男人（"套"有"安全套"和"细节"双重含义）。

男女之间，永远不可小瞧套套，它其实就是细节。虽然很多人假装以为世间没有这个东西，但很多人最后的分手，或者无法分手，表面看，是由于理想、品味、人生愿景等高尚文雅的话题，可归根结底，却往往都来自套套。所以，我们为什么不能说一说这个东西呢，要是俗气的事情都解决不好，还有什么别的事能解决得更有新意吗？

首先，不要和瞧不起套套的男人恋爱，因为他永远不可能看重自己；也不要和把套套看得太重的男人恋爱，因为他永远不可能看重你。

不要和很大方、动不动就甩出十个八个套套的男人恋爱，因为婚后他的套套总得你来埋单或是花你的积蓄。当然，也不能和连一个套套都不愿意买的抠门男人恋爱，因为他以后也不会再买给你比套套更贵重的东西了。

不要和蔑视套套的男人恋爱，因为每个正常女人，都不可能不在乎套套；也不要和崇拜套套的男人恋爱，因为当他眼里只有套套时，女人就变得廉价了。

哦，还有什么呢？

对了，不要和喜欢拿套套打赌的男人恋爱，因为对他来说，套套再多，也可能只是摆设；也不要和输不起套套的男人恋爱，因为你怀孕，他不会认为这是上帝的礼物——而且往往，他从不会检讨自己，反而道德感极强，你愿意嫁给一个修士么？

不要和在套套上开不起玩笑的男人恋爱，不能说他小气、不能说他没品、不能说别的男人怎么怎么……因为这正好说明他小气、他没品、他比别的男人怎么怎么着……

和很多事情一样，套套，既然是世间存在之一种，必不可少地，也会有一个价值取向的问题。

"发乎情，止于套"，安全套让女性脱离意外怀孕的恐惧，对性爱双方的健康提供基本保障（如果性对象是多人，则是对公共安全负责），这是现代爱情的基本教养，也是恋爱时最具操作性的常识问题。

佛洛斯特曾说："你要爱，就离不开这个世界，除此之外，我想不到还有更好的去处。"

如果把爱微缩成做爱这样一件事，把世界具体到屋檐之下，那么除了套套，谁还能想到更好的去处么？

有人讲，男友做爱不愿用套，又没有结婚计划，于是导致她流产多次。真不知道究竟算人祸还是算天灾，心里越想越气，结下了疙瘩。

嗨，不想怀孕，又无法确定稳定的关系，却大而化之不用套套，还口口声声说为了爱情，男人这么做是自私，女人也跟着认同，那就是猪头兼虚伪了。

形而下的套套问题都解决不好，还谈形而上的爱情，不可笑么？

男人之间的微妙情愫

——在男人面前失去自我，就会遭受白眼

俊俏的阿梅，大学毕业后去某公司做事。

身边本来有一个男朋友，可男友对她的痴心，反而无形中将她

的心抬高了。

正好公司里有一个工作繁忙的中年男人，每天都像上紧了的发条，但常赞美她，说只有年轻美丽的女人，才能给他以轻松之感，与富贵沉浮无关。

于是，男人将对自己的怜惜，一股脑地折射在了阿梅身上，让阿梅受宠若惊。

殊不知中年男人喜欢年轻女人，是像喜欢京剧或养花，一桩审美活动而已。

男人要的是世外人间，阿梅要的则是终身受益。男人的不承诺，是一根钢丝，走在这钢丝上，技巧和镇静就是第一。

阿梅这个年龄，哪里能明白这些？又哪里能和男人一样走得那么平衡？终于失态，和中年男人有了暧昧关系。不仅公开两人亲密时的录像，还有他私下说的内情。

以为自己握有如此剧毒的把柄，就能让他乖乖听话，从此对她死心塌地。

他却毫不在乎。

他的强硬，原来是有道理的。因为突然之间，阿梅周围的男同事，立刻都站在了一条壕沟里，以前对她暧昧的，现在只剩轻浮；以前的泛泛之交，现在话中带刺；以前交往多的，现在躲之不及……

最令人想不通的是，中年男人曾经的死对头，也都会无条件地鄙薄她！

甚至无怨无悔的前男友，也说她无脑、欠揍！

这个故事，令人想起美国的一个电影——《北国性骚扰》。

据说也是根据真事改编的。矿区里不多的女工，无一例外都遭受着男工们的性骚扰。其中一个女人站了出来，要起诉这样的男人。结果受到所有男人的攻击，大到法官和高层领导，小到父亲儿子和正在追求她的男人。

靠案子吃饭的律师，也告诫她不要自取其辱。

女人一旦失势，给了男人难堪，在男人那个群体中，会很难得到公正的评价。尤其当她撕破脸，要男人好看时，往往只会落得两个下场：不是得了妄想症的疯妇，就是咎由自取的贱货。

男人们之间，有着怎样微妙的情愫？不管是怜香惜玉的，还是男尊女卑的，末了，他们总是会惺惺相惜、举枪互敬。

这就是传说中的英雄好汉，一腔热血，出生入死，大块吃肉，大碗喝酒。遇到不平，必会揭竿而起，个个都是正义的化身。

为女人出头，也算一种，但得是配得上的女人。并不包括狐狸精，狐狸精最终是要砍死的，就算是他先去招惹的她。

这个时候，再也无关公平正义，何况道德纪律？

只剩下性别对立。

世间所有的正邪对峙，最后都是以男人之间的交口赞誉或狼狈为奸为结局。与其说他们是同性相吸、兄弟情深，不如说他们最怕失去同性给予的抬举和配搭，否则太寂寞，太没面子，太难混！

相比这个圈子的重要性，女人又算得了什么？

想靠打倒某个男人来换取其他男人支持的女人，要付出很多很多的努力。

这，可能就是男女江湖的规矩。

曾经是情人

——幸福或失败的感情，都是抹不掉的

曾经的亲密恋人，由于各种不同的原因，爱情走到了尽头。现在，他们即将面临分手。两人的关系，需要界定出新的形式来。那么，到底是剑拔弩张，形同陌路呢，还是心怀温情、做个老友？

如果说爱情浓度最大时，人们体会到的情感是甜蜜和忧伤，那么爱情浓度消失时，人们感受到的情感，就是惨淡和虚幻。

有个女生，爱上了一个已婚男人。意识到问题多多时，立刻表示要全身而退。男人却说，愿意和她继续做朋友，很好很好的朋友。

于是两人说好，不要狠心地决裂，而是继续保持联系。有什么心事，都可以告诉对方，有什么困难，也要首先想起对方。

电话还是每天都打，可谁又知道，这夜里的闲话，竟比情话还要厉害。每天说一会儿，说的都是生活琐事，并不会随便与外人道的心情，彼此之间却又不能有明目张胆的情爱纠缠。

一边是甜蜜忧伤，一边是惨淡虚幻，如此完全不同的感受，却要在同一个人的身上被深刻体验，无论怎么说，它都太有戏剧化的成分了。世上有几个人，可以拒绝这样的戏剧性呢？她自己说，没有疯掉，真是奇迹。

相比继续做朋友的分手，人间怨偶的选择，虽然幼稚了一点，但它可以不用看着一段感情，在自己的手里枯萎、凋败、凄凉、虚无……分手了，就不再做朋友，甚至连路人都不愿意再做。

比起一刀两断来，纠缠分明需要更大的勇气才能承受得住。

至于分手后，能做成朋友的，生活中也有不少。只是它需要时间，需要等待。它是一个需要底气的词儿。

一个人，和一片风景一样，是需要有可堪映照的底色的。这个底色，放在景致上，叫衬托，放在人身上，就叫底气。爱情失败了，抽空一切，抹掉曾经的影子，不要他再来打搅自己新的人生，似乎很简单，但这个人，是不是看起来也薄了，远了，空了？

什么时候，才能厚重，才能亲近，才能活泛起来呢？并不是在一点小事就醍醐灌顶、一点愤怒也要斤斤计较，或者步步为营的时候，而是明白了人是永远活不明白的时候，知道了无可奈何才是人生常态的时候。

有了这个认识，人就有了底气。再回过头来，去看看曾经爱过的那个人，看曾经走过的那段路，才会知道，爱情既可以有高潮、有低谷，也可以是无所不在的。今天的生活，敢说没有他留给你的痕迹？现在的人生，敢说没有以往灵魂的支撑？

所以，无论失败还是幸福的感情，其实都是抹不掉的。

但做了朋友，真的就可以是无所不谈的知己了吗？

曾经是那么相爱，现在再听他讲怎么追别的女人？男女之间，最苍凉最无言以对的，就是这个时候吧。

即便是朋友，他也和别的朋友绝不相同。他和你想象中肝胆相照、贴心贴肺的朋友，并不是一个概念。和他交往，很像人到了一定的岁数就要怀旧，大步流星不行了，只能亦步亦趋，甚至有时候都踩不上点了。

曾经的情人，时过境迁，拿来做成年世界的友情，是再好不过的调剂品。让你回忆，怀念，欷歔，就可以了。不能滥情，也不宜有多少的真情。

老公和女友之间的猫腻

——没有逾越正常的界线，敏感猜忌是多余的

自己要好的女友圈、同事或同学圈子，需不需要将丈夫也拉进来？不单单是认识，还要亲密无间、彼此歌颂、互相娱乐？

大部分丈夫，在家里都是不大和妻子开玩笑的。就像张爱玲的《倾城之恋》，范柳原和白流苏结婚之后，他的笑话，就该会对别的女孩儿说了。

家就是家的样子，调笑幽默讽刺刻薄，夫妻之间，似都不适合。

有女人怕丈夫不乐意她在外面寻开心，又想给丈夫业余生活增添点色彩，于是将老公拉进自己的闺蜜圈里，却发现平时话很少的男人，在这样的场合，却像换了一个人似的。不仅和若干女友应酬得水泄不通，而且将她冷落到了一边。她不快，质问，男人颇为诧异，答道：那都是你的朋友，难道你不希望我对她们热情一点？

是啊，要是他当着她女友的面，还是和平时一样，闷闷不乐，或者沉默少语，彬彬有礼，她会开心么？

再或者，他当着她女友的面，闷闷不乐，沉默少语，彬彬有礼，可背着她，却跟她们又是调情又是玩笑的，她会答应么？

还有，他当着她女友的面，闷闷不乐，沉默少语，彬彬有礼，待转过身，就跟她唠叨，这些个女人，没一个让人省心的，以后不许你跟她们混了。她能接受么？

还有还有，他当着她女友的面，闷闷不乐，沉默少语，彬彬有礼，她们一走，就跟她夸奖这个或是调侃那个，她可愿意？

……

瞧，不管他怎么做，可能都没有一种状况，能让她觉得既快乐，又正常。

男人会这么想，既然和她有夫妻关系，她的女友们也就都是他的好朋友，是属于那种亲切熟悉却不会暧昧的女人们。

无论她们看他，或是他看她们，就都是安全的。有了她这个大保护伞，他们彼此之间就很放松、很痛快，开些玩笑，说些调皮话，那只是为了玩得高兴，而且谁也不会觉得逾越或过分。

他们就像那些个有父母罩的小淘气，出门前父母鼓励说，玩，使劲去玩，结果一不注意就玩得过了头，却怎么也没想到，父母竟不高兴了，责备他们为什么控制不住，一玩就没了节制。

这就是问题的关键了，既不是闺蜜们觊觎她的老公，也不是老公为人轻浮，想占女友们的便宜。这件事只能说明，女人的闺蜜圈，不能让男人掺和进来。

世上有几个男人，乐意在活泼漂亮的女人堆里，眼观鼻鼻观心，不露声色、正襟危坐呢？

再好的朋友之间，也需要距离。再亲密的夫妻关系，也需要保留有自己的天地。

自己的朋友，就是自己的，需要付出心血和热情去交往。不管

拉扯进来谁，都会疏离你和老友的关系，从而让你变得无足轻重。

同事上班时八小时见面已经足够，下班再聊定牵扯是非；朋友一年半载一聚，讲点隐私已够消化，说得再多只会落下闲话。

又不要做五世同堂，何苦熟不拘礼、亲上加亲，连老公都要搭进去？

既没有必要对他喋喋不休自己的女友都说了点什么，或是做了些什么，也没有必要为了赢得他的认同，就拉他入伙。

你的女友你做主，正如他的朋友、客户、同事、弟弟……你也不能因为熟悉、因为有老公罩着，就可以随便撩拨、公然调情。

女人这么好骗

——头脑一发热，智商基本为零

电视里常有这样的事：

一个男人（一般这样的故事都会有一个男人），还有一个女人（也都会有一个女人），他们都是成年人了，而且岁数也不小了。男人对女人说，自己单身，想再婚，女人很是欣慰。于是两人结婚，结婚证是男人去领的，说有熟人，可以找关系快点办。然后他们就住在一起了。当然是住在女人这里，因为男人的生意出问题了——一般这样的故事里男人的生意都会出问题的，然后就要钱周转，要很多钱，去解套。女人就给，不仅有自己买房子的钱，还有老母亲的养老金，亲戚朋友的钱——都借给了男人。紧接着，男人就失踪了。女人这才想起男人说过自己的父母住在哪里，其实也不远，但当初不是急着结婚吗，就没有去认过门，可能心里还想最好少跟公婆打交道，否则还得照顾他们或给钱——现在去了，那个"婆婆"一脸莫名其妙，自己的儿子有老婆和孩子，没听说离婚再婚的事啊，你是哪根"葱"？

女人慌了，再查结婚证，果真是假的。

女人给电视台爆了料。电视台开始追踪这个男人，终于在茶肆里找到，男人一口否认女人所说的所有事情，只说自己和她有过一腿，但这算什么，人人都这么干！钱？没有拿，别说几十万，几十块都没有！

幸好女人手里有张借条——男人瞥一眼，啐口痰，说："你伪造！"

记者穷追不舍，不谈钱的事，只要男人说说对这女人的看法。男人望着天花板想了半天，总结出一句："谁知道她这么好骗，都一把年纪了。"

还有一个故事，年轻的女主角很漂亮，初恋是大她八岁的粗鲁男。后来她读大学，进城市，渐渐想和男人分手。男人不肯，只要求跟她最后欢娱一场。两人到了宾馆，男人使出浑身解数，欢乐之余，竟说服女人拍了裸照。女人以为这是深情的爱的表达，没想到过后被男人要挟，要求继续交往。女孩不肯，男人不放。两人纠缠之间，男人杀了女人。

事后记者问男人，为什么会想到拍裸照。男人沉默良久，说："不知道她这么好骗，居然主动宽衣解带。"

这两个女人好骗的故事，因为被媒体曝光，又有杀人元素，算

是骗中精品。生活中，还有不少"这么好骗"的平凡故事：

只消对相貌平平的她说两句殷勤话，她就投怀送抱。真是奇怪，难道她家镜子是反的？

只消告诉她自己又赌输了，可能会坐牢，皱皱眉，落两滴泪，她就会主动贪污公款送钱给他。都说女人胆子小，怎么比男人还不怕坐牢？

只消说三个月后就跟老婆离婚，她就会跟他上床，同居。还为他洗衣做饭，他病了输血给他，以为从此同根同心。她这么多情，怎么就不晓得对方的老婆和她一样也是女人，哪个女人愿意接受情场失败？

……

世间情就是如此。

女人软弱，感性，盲目，易醉……一旦被男人骗，方才显示出有眼无珠，不给自己留一点空位，一股脑扎下去。

千万别急着结婚，至少要认识对方的父母朋友们之后。

千万别拍裸照，任何一张裸照，都是最好的把柄。

千万别以为自己美若天仙，除非你是芙蓉姐姐。

千万别替男人抹污点，除非你当自己是抹布。

千万别相信他会为你离婚，离婚也只因他自己过不下去，并非因为爱你。

骗你的人，不是因为他们骗术高强，只因你太好骗，做人的常识都会忘记。反而害他吃惊，对你的智商失去信心。

不过，女人总是容易上当受骗的。她的心事便是：有人骗总比没人骗要强；被一个男人追着骗，总比自己追着去骗两个男人有面子。

超市试吃品

——免费是不能当饭吃的，好男人只是个影子

电视里正上演一档情感节目，受访者香雪刚满三十，有过几次失败的恋爱，可能是感情受过伤害，对再爱充满了恐惧和不安。渐渐只和身边已婚的男人交往，时间也都不长。只因为这些人，是最不想跟她天长地久的。

已婚男人是她打发寂寞的好东西，但另一方面，她自己也会担心，寻欢作乐的日子总得有结束的时候。

她不想结婚，一点也不。

很少有女人像香雪这样不想结婚的，尤其到了婚嫁的年龄。这多少让人有些奇怪，不过细想，也在情理之中。

她是曾因失恋坏过胃口，怕再吃坏，从此开始拿已婚男人当超市里的试吃品。

尝试品的特点就是，种类多味道香，要全部试吃一遍，不仅需要比较长的时间，还能不小心就把自己吃饱了。得，够吃了，谁还傻得想再买回家去啊。

其实，好吃的东西，仅凭外观、色泽，以及它的制作过程，就能分析出个大概，合不合口味，大致也就能有个判断，未必需要挨个去吃。时间长了，香雪的角色就变了，从一个买东西的，变成了一个专业的试吃者。

这么一来，还有什么乐趣可言呢。

我们见过谁没东西吃了，就拿超市熟食柜台当厨房，天天去吃的？要饭的也不会这么过分吧。还有，谁又见过哪个人，去超市吃免费品的理由是，反正已没有味觉了，大吃一通，不过是为了打发寂寞？

那些东尝一口，西尝一口，一心指望着吃遍超市的人，其实还是想发现自己最喜欢的东西是什么吧。

是人都会有寂寞感，打发寂寞的方法也很多，结婚是一种，读书看碟睡觉逛街也是，未必谁都需要和已婚男人地下情，这只是为自己找的托词而已。

免费的东西，是不能当饭吃的；正如别人的男人，终不能当做感情支撑。若真能想到寻欢作乐会结束，又不想结婚，不如腾点时间，看清风明月，或绕山路散步。抛却功利之心，说不定反而能碰到合适的男人。

香雪爱说的话是：生活亏待她。

其实哪里有呢？不过是洗脚不抹脚的后果。

超市里有试吃品可以随便尝，生活却不会总这么让人占便宜。生活是要埋单的，就是说，无论做什么，最后都得付出代价：或者去跟一个男人结婚，或者让大家在背后嚼舌头，再或者，眼睁睁看着别人碗里的好男人悻悻然。

免费尝了那么多，还要怪生活，真是说不过去。

我这样的观众，看了故事，只想知道，有没有特别好吃的男人。如果有，她比照着买回家不是很好？

万一超市缺货，换个味道差不多的替代品也行啊。

吃豆腐

——占便宜与被占，其实就是你情我愿

恬恬的前男友，是个已婚男人。

一段偷情关系，以浪漫开始，以丑陋告终。他要回到家里去，可欠了她的钱，却不打算还给她。

最糟糕的是，她想不通，让他至少付她一年的电话费，他还是不肯。为这点小钱，竟躲起来。

恬恬逢人便说，自己被吃了豆腐。

其实，吃豆腐，是很讲究的一桩事，并不像现在人们所看到的，那么简单易行。

用"吃豆腐"来形容占便宜，这个典故，究竟出自何人何事，古书上并没有很详细的记载，只是说当年刘邦之孙淮南王刘安为求长生不老之药，在安徽寿县八公山以黄豆、盐卤等物炼丹，无意中竟炼出了"白如纯玉，细若凝脂"的豆腐。

后来，渐渐开始出现了各种版本的"豆腐西施"的故事。可能像如今的女人，无论老少，统统都被喊做"美女"一样吧，只要是开豆腐坊的女人，也都会被人叫做西施。

为招揽顾客，豆腐西施们难免会卖弄风情。当时吃豆腐，不像现在，拎一块就能回家，而是快餐小店，顾客来了，递上碗筷，舀一勺豆腐，上面撒很多佐料，拿小刀边划成小块边吃。有些男人常

去光顾，一为好吃，二为看老板娘，老婆问起来，就说去吃豆腐了。

延续到今天，"吃豆腐"三字，衍生出了很多丰富的含义。占便宜、性骚扰、轻薄、调戏，当然，更多的则是只争朝夕的暧昧游戏。不仅男人吃女人的，女人也吃男人的，并不在乎味道形状甚至新鲜程度如何，只看顺手捞起来方便与否。

更别提佐料的配置。

真正做到快餐了。

想想会令人好奇，只吃豆腐，有什么意思？

因为豆腐本身是没有什么味道的，尤其是没有鲜味，要吃得可口，需要靠很多精致的食材来提味。金庸的《射雕英雄传》里，黄蓉做给洪七公吃的那道"二十四桥明月夜"，就非同小可，先把一只火腿剖开，在上面挖二十四个圆孔，将豆腐削成二十四个小球，分别放入孔内，扎住火腿再蒸，蒸到火腿味全入到豆腐中，舍弃火腿，只吃豆腐。

结果，让吃遍天下的神丐都不得不折腰。

可见，吃豆腐是一门不小的学问，功夫自在豆腐之外，一道好吃的豆腐，是由身到心的享受，需要付出很多的辛苦代价，而不仅仅只视其软、摸其滑，开口便吃。

当年康熙皇帝赐给尚书徐乾学一个秘方，就是一款八宝豆腐。不过是奇珍异宝和豆腐一起烹制。徐为了能拿到方子，还给御厨送了一千两银子呢。

还有一个故事，是说朱熹的。他老人家终身不吃豆腐，原因是他太好学了。做豆腐，需用豆子、水、杂料等合重若干，可做出豆腐后，分量往往超过原先的合重。因为品不出这个道理来，所以朱熹坚决不吃。

古人吃豆腐，端的是用心良苦啊。

为使豆腐色香味俱佳，吃者须用心开发。如今则无论被吃的，或好吃的，似乎都不怎么看中提味配方了。而且常常是被吃者亦吃他人豆腐，不被吃豆腐者亦无豆腐可吃。

如恬恬一样只顾赔钱赔睡又赔罪，真的是豆腐和豆腐食客们的悲哀呀！

不爱也是一种魔法

——用情过深，容易伤心错愕

电影《西雅图不眠夜》里，有一句经典台词，女友们常口口相传："爱情是一种魔法。"

这话真好啊，无论故事怎样震惊、喜悦、感慨，还是疑惑、不解、遥远，几乎都可以用它来概括。是的，爱情就是一种魔法，它会显现各种不同的预兆，让你知道，你会碰到什么人，还会让两个完全不同世界的人，在茫茫人海中，心有灵犀。

你就听吧，那些点点滴滴，真能淌得出蜜来。

"甫一坐下，我俩竟说出同样的话。"

"隔着无数条马路，可我们同时想起都要去那家面包店。"

"我昨天还在想去买那个牌子的香水，今天他就送我了。"

人有爱情的时候，是不是都超有想象力？

这样的故事，会让人心情大好。爱由天命，总比忐忑瞎猜要好。既然天降夫君于斯人，其他人拍手称赞就好了。

预感丰富的女子，多是自成一家的生活禅师。你很难说服她们接受什么，改变什么。如果有闲心，追随她的风格就行，时间长了，你也会找到自己的格调——懒得做事时，脱口来一句："我有预感，今日不宜出门。"

但我相信这句话，也可以反过来说——

"不爱也是一种魔法。"

一旦不爱产生了，也会有预兆，也会如魔法显现，令人吃惊无比。

那些强烈的、神秘的、刻骨铭心的、永远也无法忘怀的预感故事，全是关于不爱的。想听听吗？

伊说：他出差回来，行李箱还没有打开，放在客厅的一角。深夜起来，却赫然发现自己的睡衣上，沾着他的行李标签。上面写的，是另一个女人的名字。这名字，让她忆起了心中早有的不安，他的行李，分明是和她的一起托运的。他们一起出门，他为何要说是出差？

伊说：在办公室，打开电脑，桌面熟悉的画面，突然全变了。是一个陌生女孩的照片。持续时间不长，二十秒左右，重新启动后，一切消失。但那晚在家，却看到他带回来的文件夹里，有新招聘员工的资料。第一页，赫然就是那个女孩。相同的照片，相同的笑容。隐隐不安三个月后，终于听到这段绯闻。

伊说：非常好的约会对象，几乎完美，从头到尾，谈得也非常好，还约好下次见面的时间。但回到家，脖上挂了很久的佩饰，突然掉下，碎了。果真，从那以后，再也没有了他的消息。

……

她们敏锐得像地震前的阿猫阿狗，也算特异功能吧。

没人能说得清这其中的物理道理，更不能放在情感问题中来讨论。灵异世界的怪事，心理学家去搅和比较合适。但大多解释出来的，无非也是两个字：痴缠。

用情过深，容易伤心错愕，这是真的。所谓预感，就是龙卷风下的那片安寂，看起来平静深邃，其实是一直与风暴相追随的。

看到、听到这样的故事，会为当事人心痛。不明白的，以为是上帝之手，能体谅的，可想见那份已久的纠缠。

预感强的女子，敏感多情，脆弱天真，做事做人极易投入。从生物学比拟，像乌龟幼嫩的身躯需要龟壳，正是因为心灵纤敏，才衍生出预感来做自我保护吧。

当然，也有自恋狂人，以为世间万物，都围绕着自己的那点事儿运行。

待行走江湖时间长了，渐渐也会充耳不闻，并随时说出铿锵有力的话来。就像某个小说或破烂电影里的结尾：妻子从丈夫的衬衣上，捻掉了一根其他女人的长发。

然后，对着锅子，面带微笑地准备晚饭。

最可恨的是，对方面有不安时，她竟说："闭嘴，趁热吃饭吧！"

心惊肉跳的外遇

——只有对自己负责，才不会恐惧

有个女孩给我发来邮件，说自己认识了一个网友，对方提出约见。他们聊的很多，他知道她不少事情，包括工作单位、家庭成员，等等。

这个男人有女朋友，但也想尝试一下外遇的感觉。他倒是真诚实，对她说，这事情他纠结了很久，只是想试一试，不试的话，会老是想着，也对不起女朋友，也许试过方知情重……

女孩自己的日子也不好过，感情生活一团糟。虽然不赞同这种外遇，但最终还是没能忍住对彼此的好奇与好感，心里也觉得孤独。总之，见了面，吃了饭，开了房……那天晚上很不平静，他的手机响了好几次，他没接，只说女朋友可能怀疑了。

两天后，他告诉她，女朋友真的知道了，他只能如实交代。

她住在一个小城市，听了这话后，就开始担心，万一他的女友不好惹，真闹起来，她就会臭名远扬，再找对象都困难。越想越怕，甚至想到会不会从头到尾，压根儿就是一个陷阱、骗局，他们合伙想敲自己一笔钱。

看了这个女孩的故事，不由会想，现在的外遇，其实就是一夜情，似乎真的很多，并不分城市大小。小地方，可能只会比大地方更嚣张，至少见面开房比较方便，抬脚就行。

我们先来想一想，当一夜情成为一种社会现象时，有没有人问一句：人，为什么会一夜情呢？

需要一夜情的人会说，因为性欲、因为好奇、因为刺激、因为性缺乏、因为赶时髦、因为要攀比、因为解闷、因为要打发时间、因为个性使然、因为不可能和对方有什么苟且一次也不错……总之，他可以找出成千上万条的理由。

但一个不需要一夜情的人，也能找出成千上万条理由，来说明一夜情的确没必要：不习惯和陌生人用同一个马桶、害羞、有洁癖、担心对方脱了袜子是六指脱了短裤有异味、自慰也没什么不好……

这两种人，纵然各自有如山的理由，也无法说服对方。他们遇到一起，要发生一夜情，难度将会很大，因为本质不同，就像一块石头和一头山羊，即便产生了性欲，也没法真的干点什么。

是的，人就是因不同的类型而走到一起的，各自因不同的立场，决定了他们的交往的圈子和方式。

明明不赞成一夜情，却伪装成一夜情爱好者，让人以为她性情开放，不拘于又臭又硬的封建礼教——其实，这是对真正一夜情爱好者的误解。

并没有什么科学依据表明，喜欢一夜情的人，就更性感更亲和更具有创造能力，比方她面前的这个男人，就很猥琐。

最糟糕的是，事情结束后，又吓得屁滚尿流。

一夜情，属于个人的性癖好，大众也越来越明白，人类对性的倾向和追求，有的是天生的，比方同性恋，有的是后天教育出了问题，等习惯放纵后性瘾上身，则需要心理医生来干涉，比方伍兹。

一夜情、虐恋等迥异常人的性活动，不再会像以前一样受到恶

意的歧视，当事人最多成为话题人物，被人嚼嚼舌头而已。

女孩的恐惧，源于她最终发现自己并不反对一夜情，而且，还能从这样的事情中，寻到快感。

这与之前想象的自己，完全不同。

一个人，承认自己也有荒唐、放纵的内心，并不悲惨，人生最悲惨的事情莫过于，做了之后，却不想承担后果。

无论一夜情对或不对，无论对方是逃避还是想进一步要挟，此时此刻，能解除她恐惧的方法，可能只有一条：接受现实，对自己负责。

向对方女友承认错误，不要再理睬那个男人，对方如果威胁，告诉他立刻报警。当道德问题上升到法律问题时，孰轻孰重，他也会有判断。

真的，这个世上，只有肯对自己负责的人，才不会恐惧。

第三章

好男用心"种"，好婚自主张

男人用自由来赢回爱情，而女人却用生命经营爱情，再用爱情来牵制男人、管理男人。虽然缰绳攥在女人的手里，但是却永远不能像男人那样把爱情驾驭得轻松自如，所以女人难免会抱怨着吆喝男人，希望把男人驯服。殊不知，男人其实就是女人手中的风筝，女人只需要握好这根线啊。

每个女人都是魔方

——婚姻中最宝贵的，是保持彼此间的活力

在深海中潜水的人，待在海底太久，就分不清楚是该上还是该下了；当他浮出水面时，就很容易产生潜水夫症，身体反而无法适应空气的氧气浓度了。

沉浸在某种奇怪的需要当中时，也会发生这样的状况。

从小受母亲生活方式影响深重的她，拿做家庭主妇为最高理想，生了孩子后，甘愿辞职，所有心思都放在理家当中，渐渐失去自我，拿婚姻当海底世界，一头扎进水里，连冒出头来呼吸一口空气的愿望，都消失了。

可惜那样的沉迷，终是不能长久的，终有一天，她还是得伸出头来，回到现实中来。

丈夫觉得乏味，跟她越来越无法交流。离婚后她却不能再适应单身生活，只好转过身去，再次一个猛子，重新扎进另一片海域。

匆忙结婚的后果是，连对方的性格人品都不了解，半年后，只得再次离婚。

可是婚姻已经成了她深度迷恋的东西，比起爱情来，更为重要。迫不及待地，她只想再婚。没承想，一年不到，和第一任婚姻解体的理由完全一样：乏味、沉闷、没有意义。

这个故事，似乎有些极端，但很多女人，可能都经历过类似的

过程。了解婚姻真相的过程，比起了解什么是爱，花费了更长的时间。甚至因为这个过程太漫长，都快忘记什么才是爱了。

生活中类似的夫妻，不也比比皆是？

紧紧抱守着婚姻的规则，却无法品尝到其中的快乐；放弃了自由的梦想和追求，却将它归结于为了另一个人牺牲，或者，空留已婚名头，一味依赖婚姻，却不在乎爱或不爱……这是对婚姻的一种误解，是对婚姻的玷污。

那么，婚姻中真正有价值的东西，到底是什么呢？

是洗衣煮饭，赚钱养家，三姑六婆，迎来送往吗？还是想到一辈子就穿一双鞋，只会感到委屈？

当然都不是，前者流于沉闷，后者则会带来心碎。

婚姻中最有价值的部分，不是忠诚，不是贤惠，不是牺牲，不是言听计从，不是依附在另一个人身上，或是干脆变成另一个人，而是让彼此都保持活力，让各自的生活都有更多的可能性，让她变得比结婚前更美好，让他的天地更为广阔，而且，两人可以一起做更多有趣或是有意义的事情。

结婚是寻找灵魂伴侣，对方能带给自己提升、发现、进步、理解和沟通，这些比做家务更为重要。

在餐饮和服务业发达的今天，有多少人满足于老婆只是一个做饭洗衣的人呢？

虽然不同的人对爱的理解是不同的，有些人喜欢平静的水面，有些人总掀起涟漪，有些人甘愿沉溺，有些人从不回头。

但有那么一点，则是不会改变的，就是她可以将酸柠檬变成甜柠檬汁——而这，恰恰是需要想象力的。

是的，婚姻最不能失去的，就是想象力。它不是封闭的盒子，不是失去氧气的大脑。不能忘记人生是充满了无穷的可能性的，其中甚至包括还有可能会再谈恋爱。

其实，每个人都有盲点，也许这个女子的盲点出现在婚姻上，换作另一个女人则会在职场上。处处均衡、事事得体的女人，能有万分之一，就算不错。重要的是通过一次又一次的失误，学到教训，明白道理。

每个女人都是魔方，几经辗转终会圆满。

闪婚速离时代

——结婚不是儿戏，速离岂是解决之道

也许是如今离婚手续更加简便、更加人性化的缘故，门槛低了，施行起来，也就更方便了。很多都市男女，结婚离婚，自己不说，外人根本无从知晓，而且更多的隐婚一族，从不戴戒指，也不将另一半带到自己的圈子里。脑子里想的，怕是谁知道什么时候就会离婚的吧？

速结速离，让一些人完成了数字化婚姻的过程，进进出出，不再有从前"闹离婚"、"打离婚"等鱼死网破的血腥味儿，新一代年轻男女，没有了经济负担，不愿再像上一辈，为房子或出国等物质利益，而委屈自己。结婚，是感情到了那一步，离婚，也简单，热乎乎的感觉没有了。

社会和法律，给了离婚者更多的理解和方便，但为什么，频繁结婚或是离婚的人，还是会产生困惑？

只因婚姻并非儿戏。

即便离婚成本大大降低，大家还是会对婚姻本身寄予希望。

它代表着人们内心深藏的一些好词儿，"天长地久"、"白头偕老"、"永结同心"，它还能帮助人们增强感受性、产生同情心以及宽容心，总之，每一个走进婚姻的人，并不是一开始就想到这个小集团随时是可以解散的。

和爱情一样，婚姻中也会有很多的痛苦与喜悦。但和爱情不同的是，婚姻中的痛苦或喜悦，往往是一种集体意识，是由很多人组成的文化氛围或生活体验的结晶，只要走进婚姻，就免不了要经历这些"法定"程序：家务活儿、脾气大小、婆婆的态度、经济收入、说话方式、睡觉姿势……烦恼的事情从来也不会间断，主要矛盾解决了，次要矛盾便上升为主要矛盾。

生命不息，矛盾不止。离婚，真的就是彻底的解决之道？

大家喜欢关注爱情中个体的那些痛苦和喜悦，对集体意识的痛苦和喜悦，提都不想提，还有人觉得那是压抑自我。而这些，恰恰是爱情也无可避免的东西，因为我们谁都知道，如果他能忍受世俗琐事的侵扰或是岳父的痛骂，才是真的很爱很爱她。

换成她，也是一样的吧，能忍受婆婆的无理要求，或好好去爱一个叫自己继母的小孩，才是真正的爱他。

婚姻需要爱情、需要激情，但那些绝不是婚姻的全部。用大不了就离婚来对付婚姻中出现的问题，只会让婚姻次数从个位数上升到十位数。

上帝保佑，千万别进入百位数。

本来呢，人们结婚，是想从婚姻中学到有价值的东西的，为什么面对婚姻时反而越来越茫然，结婚后更加失望？

持续多年、有过许多共同经历的伴侣在一起生活，比起速婚一族来，会多一些理智、思量、责任、宽容，他们会明白很多爱情初期所不明白的丰富内容，虽说勉强的婚姻要不得，可偏偏那些有人生价值的幸福体验，都需要很长时间才能够获得。

一次只拿一颗糖

——爱情中，一次想抓住很多东西太累人

我认识一个叫美汶的女子，在很多人眼里，她是幸运儿。

丈夫事业有成，自己工作上进，暂时没有孩子，既无经济负担，又无健康之忧。尽管外表靓丽又潇洒，可谁知道她的烦恼纠结成团？其实，她内心烦恼的事情可真不少。

她结婚前就和丈夫分居两地，婚后每年聚会两三个月，这样一年下来，两人关系明显变得紧张。以前每天都会通电话，现在一周才讲一次，美汶怀疑丈夫身边出现了别的女人，但也仅仅是怀疑。

自从和丈夫关系冷淡后，她就认识了另一个男人。他对她说了一句很像歌词的话："如果那晚你不是那么美，我也不会犯糊涂。"他们做了情人，发生了关系，并且发誓做一生的知己。

还有，美汶怀孕了，两个多月。按日子算，是丈夫探亲回家那段

时间怀的。她年龄已大，三十多岁了，似乎到了该要孩子的时候了。

可是，刚好单位有个名额，出国半年培训，很快就要考外语，她也报了名。因为那是一个机会，下次升职，出国人员将会很有希望。她呢，很希望能借着远走他乡的时候，理顺这一切。

要出国，留下孩子就不现实。

孩子、出国、老公、情人，一时间，每件事情都很重要，每件事都丢不得放不下。

其实生活中，类似的人、事，很多很多。大部分成年人都会犯一把抓的毛病，名利、爱情、婚姻、孩子、事业……什么都要拥有，一样也不能缺失。

我想到一个很形象的比方：一个小孩，伸手进窄口瓶拿糖果，一抓一大把，死死不肯放。可是抓得太多，手变鼓，就不能从窄口瓶里退出来，又舍不得放弃到手的糖果，于是手被卡住，只能哇哇大哭。

比较聪明的做法是，每次取一颗糖出来，吧嗒吧嗒，尝尝甜头。然后再伸手进去抓，多抓几次，一样可以达到目的。

如果没有特别的天分，往往一段时间内，只能做好一件事情。比方生孩子，养孩子，花个三年五载，陪在孩子的身边，待他身心健康，初具模样，再大展宏图；也可以瞄准某一高位，谨慎小心，心无旁骛，全情投入，才能把握住每一次展现自己的机会。什么都要，就会顾此失彼，导致家庭不稳，爱情受干扰，就很容易心浮气躁，让领导识破真相，认定你空有野心，无大才能。

做事非得有顺序，才能理清楚。一抓一大把，不仅卡住手，也吃不到嘴里。糖果要一个一个地拿，疙瘩要一个一个地解。

对美汶来说，这个孩子来得似乎正是时候，似在提醒她，到了一个该整理自己生活的时候了。

婚姻不顺，究竟该维持，还是结束？

出国学习，是不是就是升职唯一的机会？万一出国半年，却被小人排挤，升职不成，反受污蔑——这都是很有可能出现的事情呀。

至于情人，没有人会为了好感就厮守一生的，尤其是做婚外情的唯一，只能说这是一时荒唐的想法。

不是只有出国，才能够理清思绪的。真的想弄明白人生，躺在产床上也是可以。

想抓住的东西太多了，不现实，也很累人。那些对人生没啥大用的东西——即便再漂亮再炫目，我们也应该学会扔掉。

婚姻的私人城堡

——找到爱情的密码，才能打开心灵大锁

婚姻中，有很多特别的感受，是属于私人的。比方说，不值得向外人说的喜悦或是伤心；无限的叨唠是爱的挂念。

因为两个人之前的生活经历不同，或是性格不同，表达情感的方式不同，私人性这一独特的部分，就显得很像是一个迷宫。

但另一方面，因为两个人相爱，因为彼此有特殊的气场，这个迷宫，并不会真的永远隐藏下去。他会接纳她进入他的这个小小城堡，她呢，自有密码能开启这扇外人看起来无法进入的门。

在城堡之中，他们共享很多的秘密，即便他不多说，她也能感觉到他在想什么，这样的默契，很多时候，就被人们称做"爱情"。

但婚姻中，也有一些感受，是属于所有人共同拥有的。每个人，虽然成长经历不同、文化习惯各异，但在婚姻这个框架内，总要符合"社会"的程序，总要解决一些世俗而烦琐的难题。如果两个人，想要让爱情以婚姻的方式延续下去，亲人的祝福、适当的经济基础、有共同语言，或是有难同当、有福共享等，就是其中重要的一些环节。

在人们的想象中，两个人的城堡是值得讴歌、赞美的，几乎所有人都觉得，真正相爱的两个人，必定握有进入对方堡垒的密码，它代表了爱情中诱人的那一部分。两个人，默默无语也能心意相通，一个眼神、一个喷嚏，就会让对方知道你背后的意思。而社会的那些程序，则代表着啰唆讨厌、公公婆婆、谈心吵架、家务劳动，还有一堆堆的债务……想起来都烦，有什么好说的呢？

事实也是，当城堡的那一部分占上风时，往往两个人都会觉得非常甜蜜，城堡之外的世界和他们没有什么关系，他们只要关注彼此，其他的都不重要。但当社会的那一部分占了上风时，一切就都不一样了。金钱、父母、酒席、口角、误解……任何一样，都可能会引发一场爆炸，再来看婚姻，简直就像是时时踩在哑弹上面。

被称做爱情的这个东西，在婚姻中，就显得特别地重要。它是拆除炸弹的高手，能让每一次爆发，都结束在温柔乡中。

所以，一个好的婚姻，就是能在"私人城堡"和"社会准则"中，找到平衡点吧。

如果，感觉对方背叛了社会公认的那部分婚姻准则，比方有福同享、有难同当，或总是拿配偶的钱去贴补娘家，等等，婚姻中一个重要的炸弹，就会被引爆了。

很可能，怨恨会让其中的一方，将自己锁进自己的城堡，不理睬，不说话，不交流，不接触，那就离崩溃不远了……

如果另一方，依然握有爱情的密码，那么就仍然可以打开城堡的那把大锁。

一场家庭冷暴力，有时候，会是密码的重生，但有时候，则是一个城堡的彻底关闭。

但如果，怎样都无法进去了，也许只能说明一件事情：爱情密码，失去了效应。

新男能治旧伤吗

——不要碰运气，接受自己的错误

用爱上下一个男人，来忘记上一个男人，是一句被人说滥了的话，多被用来治疗失恋。电影里、小说里、现实生活中，都不乏女人会用此药方。

药效却因人而异，有歪打正着，遇到真爱的，比方《我的野蛮女友》。

但也有很多人，情急之中，来不及考量，结果缠绵了，也深情了，新男却不许诺未来了。

心头刚合拢的伤，再次被撕裂开来。

本来毫无可能来电的两个人，只因女方的霉运走到了一起，她是想寄托情感，发泄痛苦，他呢，乘虚而入，拣软柿子，大家本是

心照不宣，可偏偏有人难以接受真相。

一个女人失恋后，给她安慰和开导的男人是魔鬼，他们只付出一点温柔和暧昧，就能虏获女人潮湿的心——而且多数时候连钱都不用花。

用新男疗伤的女人，有些是有慧根的，得些道理，即有顿悟，知道凡事不能执迷，别人的男友，再好也是奢侈品，不是抽水马桶之类的必需品，错过了也就错过了。用新男人治旧伤，重在忘记难过、打发时间，又不是谈生意，花点冤枉钱也是在所难免的。

人家付出了体力和荷尔蒙已足够，还要求付出一颗真心，就太不近人情了。

但有些女人，则不会这么想，明知靠他人取暖，结果如何，完全取决于那个男人的良知，可却慷慨激昂，再也不愿撒手，旧伤未去，又流出新血。

男人都不傻，不是非常之爱，谁会心甘情愿做那个替代品呢？

何况他也会想，谁知道她会不会有一天，用另一个男人来忘记自己？

人之所以会不甘心，往往是因为不能接受自己吧。年轻女性，尤其怕接受自己不够可爱不够美丽的事实，付出了身体，对方还不肯说感情二字，难道一切都只是可怕的幻觉？

如果连自己都不接受自己了，谁还乐意接受你呢？

接受自己，就包括接受失恋，接受自己的错误，接受不快乐或是不如意，也接受新男的疗效不够好。

尽管心里还很空虚，尽管也知道做法有些无聊有些老套，可好在还有时间，至少，知道了让人伤痛的感情，也是很容易被下一段情感代替的。

等事情过去几年再想想，这些乱七八糟的烦恼，未尝不是生命的乐趣之一呢。

有老人家常说，女人非得经济独立，才有资格谈快乐、谈追求、谈幸福。同样的道理，若能先理清失恋的情绪，自由自主，学会对自身负责，再谈下一段恋情，才真的拥有了赢得幸福的资格。

谈恋爱必劳神伤财，身家与热情不足者，定头迸额裂。

动辄用爱上下一个，来忘记上一个，精力财力都会大受牵制，何况出发时已陷自己于不义，又怎么可以一心指望一步到位，幸福无比？

最多，只能当做碰运气。

未婚单身妈妈

——不为某个男人，为了孩子更阳光

不止一次看到，年龄稍大、经济条件比较好的一些未婚女性，会想在合适的年龄，生个自己的孩子。

只是在中国目前的环境下，做单身母亲，除了满足自己母性的需要，是否对孩子足够公平，又足够好呢？

柏拉图当年曾设想过，国家能成为一个"公共父亲"，他的意思是，当国家越来越多地承担起孩子的教育或是抚养义务时，婚姻制度，就会崩溃。

欧洲的一些高福利国家，已经是很称职的"公共父亲"了。国家对妇女和儿童的保护越好，婚姻制度受到的冲击就越大，这类国家的结婚率，近年来已经降得很低很低。

早在 2001 年，冰岛每三个孩子中，就有两个是非婚生子。冰岛政府甚至要求西班牙政府给予补偿，就因为冰岛女子在西班牙度假时，带回了太多的非婚生子。

即便不是高福利国家，但在经济较发达的英国，也有个数据，很能说明问题，当同居的男女有了孩子之后，女方结婚的愿望，反而下降了 60%。在美国，所有可以确定孩子生父的单亲母亲中，有三分之一的人故意不告诉男方他是孩子的父亲。这个母亲宁可穷一点，也不愿意与他人分享她对孩子的爱。

这些事例充分说明，经济越发达，文明程度越高，选择做单身母亲的女人，就会越多。

波伏娃曾呼吁女性"想生孩子就生吧，只是千万别结婚，因为那是个陷阱"。当时听起来惊世骇俗，现在却已然成真。正如目前看起来，大龄剩女想做单身母亲的做法有点特立独行，但随着经济的快速发展，这样的女性，肯定会越来越多。

法国电影《生活的奇迹》，暗示了今后家庭新模式的可能形态。女人和两个前夫的五个孩子生活在一起，男朋友可以经常来看她，两个前夫也可以随时来看孩子。三个男人，渐渐成了好朋友，和那个母亲，以及五个孩子融洽相处。最后，男朋友还带来了自己前女友的孩子——这个孩子，并不是他的亲骨肉。

如此人情味浓郁的故事，其发生的前提，必须建立在有足够经济支撑的基础之上。但在当前的中国很不现实，即便在孩子最需要父母亲的童年，有几个人敢扔掉工作好几年，专心在家里陪伴孩子？

何况，单身母亲一旦扔掉工作，风险则变成了百分之百。

还有，现在人们越来越认识到，在一个孩子成长过程中，父母需要承担的责任，实在太过重大，甚至你还不知道你做了什么，已经影响到了他的一生。

如果像冰岛那样，三分之二的家庭，都没有父亲这个角色，三分之二的孩子，无论有没有父亲，都能过上足够体面、幸福的生活，做一个单亲母亲，将会是一件水到渠成的事情。但是在中国，孩子长大以后，怎样接受其他孩子的目光，又怎样接受自己的非婚生子的身份？

凡此种种，都给目前中国单身女性未婚生子，带来了一定的难度。除了需要一颗坚强、自信的心之外，还要改变看世俗生活的视角，才能够克服足够多的困难。

所以，不为自己，不为某个男人，只为了孩子，多问几遍是否公平、是否足够好，确实是必要的，也是应该的。

如果早十年

——把男人的贪婪当爱情，倒霉的就是自己

个别倒霉的小三，会遇到那样的男子，很普通，家里有个母夜叉，偏偏总怀疑他在外面有女人，终于东窗事发，老婆将告状信写得到处都是，让她抬不起头，里外不是人。

　　这让出来捞世界的女孩子，会暗自好笑，现在谁还真的会为小三而离婚呢，那不是自讨苦吃？分手前要一笔补偿费，嫁个和自己年纪相仿的男人才是正事。怎么这么不小心，难道有了真爱情？

　　好像是哟，两个人泪眼相对，都觉得自己怀有真爱。如果早十年遇到，彼此都会无比幸福，偏偏老天瞎了眼，让他们阴差阳错。最糟糕的是，小三已经三十，母夜叉又坚决不离婚，再拖下去，算哪门子事啊？

　　外人会猜测，男人结婚前，妻子应该并不是夜叉，否则，如果他连这个都看不出来，那不是智商很低？

　　为什么一结婚，妻子就成了夜叉呢？而且总怀疑他在外面有女人？如果他好端端的，站得直坐得正，她为什么要怀疑他呢？

　　会不会很多年前，在她遇到他之前，他也对另一个女人说过同样的话：如果早十年遇见你，我们一定很幸福！

　　虽然这个年代，搞婚外恋情简直就要成为一种"美德"了，跟已婚男人纠缠的女人数不胜数，但闹成妇孺皆知的丑闻的，却还是不多。

　　大家都比较藏着掖着，即便口口声声有真爱的，也不敢公然跳出来说："我只是晚遇到了她十年。"

　　因为这话说出来，是要被人唾的。

　　事情总有个先来后到。就好比她想要的套装，换季大减价20%，她兴冲冲地买了，但路过另一家店，却发现对方在狂减50%。怎么办？降价商品又不能退，总不能撕破脸去百货商店闹吧？只有那种完全不顾情面，或是不懂人际关系的人，才能做得出来。

　　还有，他去饭店吃饭，点了盘菜，吃了两口，发现不如旁边一桌的另一盘菜好吃，于是就端着盘子，要求服务员去换那一盘来。

时光不能倒流，这是小孩子也懂的道理，有些成年人，却硬装作不懂。

人不是套装，也不是一盘菜，不愿意穿不愿意吃，扔到一边就可以了。身处婚姻中，有老婆有孩子，还热衷于谈恋爱，或是惦记着下一段婚姻的，说穿了，就是贪婪而已。可惜的是，很多女人非要把男人的贪婪当做爱情。

为什么一定要这么善解人意，替他分担婚姻的不幸，替他承受名誉的受损？

年轻姑娘，可以对人说"吃一堑，长一智"，因为她还有青春和美貌，还有机会和好男人重新开始。三十已过的女人，哪里还有这样的闲工夫，沉醉在受虐的快乐中？

身处婚姻中，出来偷吃，高龄一把，没权没钱，还将自己的情人，弄到如此悲惨的地步，这样的男人，实在是没有一样可取——对不起，实在找不出令人同情的一点理由，只能说：如果真的能早十年，她，也就是今天的夜叉啊。

被人当做道具般使唤

——情戏，需要一男一女共演

所谓爱情，就是条件合适的一男一女，对上了眼神，然后碰面结合，大概都是如此吧？

要嫁得如意郎君，需条件相当：学历不低、面相清秀、能赚能算、上得厅堂，下得厨房……都市女性，谁不深知商业社会的艰辛呢？岁数越大，越要努力，万一夫君跌倒，还能帮一把；一朝被弃，也不至于灰头土脸走投无路。

男人呢，比女人还心知肚明。世上哪里有怦然心动，要死要活的巧合？看上她，不过皆因对方条件适当。一无所知的青春少女固然不错，但浪漫还是交给富家公子玩好了，日后赔偿，也能拿得出钱来。既然是结婚，谁都喜欢直奔条件好的人而去。但也有人，和常人所需，正好相反。

小度最近很烦，她遇到一段孽缘，心里很没底。

男生认识她当天就开始追求，迅速同居，然后带她去见父母。二老喜欢无比，很快订了婚。接着，男友告诉她，自己本有初恋女友，因父母极不喜欢，两人分了手，但他对她还有感情。糟糕的是，男友的父亲得了重病，需要人照顾。小度这个准儿媳，就成了临时保姆。她一边奔于医院照顾病人，一边在男友旧恋中饱受煎熬。向他要明确答复，他不耐烦地说：婚都订了，你还要什么？

相似的故事，也发生在紫伊身上。

结婚八年，丈夫外遇不断，却坚持不离婚，理由是，不能给孩子一个破碎的家庭。

小度和紫伊，一身正气，不乏传统女性之美德，可都成了爱情的道具，小度被拿来对付父母，紫伊被拿来对付孩子。在对方眼里，忠诚勤快温柔这类东西，实在不能称其为条件。如果他们是戏中的男主角，她们却不是女主角，甚至连配角都不是，既然没有好条件，只能算做道具。

道具合适，戏就可以开场。至于订婚，或维持在婚，不过是舞台上那道大幕，拉开了，灯亮了，道具摆对位置，就可以了。实质真是这么回事？要问当事人是否靠谱。

显然，故事中的男人自觉做得聪明圆滑。否则怎敢如此理直气壮，振振有词？但其实很不厚道。市侩无情，两面三刀，已是人品问题，怎还追着他讨要结果，或留在身边为难自己？

情戏，是要一男一女两人来演的。道具再合适，再顺手，再好看，再忠心耿耿，也没法演。谁见过为了不让舞台空着，道具主动请缨，独挑大梁的？

小度、紫伊，都属投错剧组，被耽误的角色。条件不突出，又不够主动，结果让别人说是什么就是什么，让演什么就演什么。

时间长了，和道具一样，没台词没情节没戏份，越是尽忠尽责，就越是衬得男女主角有声有色、生动活泼。

男小三的不公平

——男人有时候也小肚鸡肠，别和他一般见识

有位名人说过："人生来不公"，罗素、蒙田还是伏尔泰？

他们都是名人，知识渊博，思想深邃，对社会对人生，颇有自己的见识。无论是谁，说出这样的话，都能令人心服口服。是啊，公平这东西，是种理想，高高在上，可望不可及，需要人类不断努力去追求。

消灭贫困、特权，要求正义、幸福，是种追求；做小三做到男女平等，当然也是一种追求。

一般来说，男人做了小三，多会保持沉默，因为不需要对方为自己负责，捞点好处，走人就是。但也有个别的，回不过味，想鸠占鹊巢，连人带钱全都要。于是深觉不公，毕竟世间多少女小三，成与不成，都会闹得满城风雨，至少，能获得一些经济收益吧。

张茆出了名，无论娱乐圈还是开网店，都有粉丝会去捧场。年事已高的伊能静，出了轨，也能华丽转身，拍广告、做主持。

经历了情感之痛，心得体会定会大有所获，做主持，观众至少可以期待她们说出一些人生感悟。

女人无论做小三还是老三，都有不怕曝光的心理。如果对方是有点钱又有点名的男人，那就更要嚷嚷出来不可了。

往深里说是分享心路历程，往浅里说是出口恶气，也不为过呀。

纵是饶颖，都有一番如意算盘要打。何况别人？

可是，男人就不同了。男人在这上面，真是哑巴吃黄连，有苦说不出。不管她是要回家，还是有了别的小三，想离开他，他都只有接受的份儿。

因为他是男人，就不能说耽误青春的话儿——男人的经历是财富，她床头床尾免费训练他，他该感谢她才是。

正因为他是男人，也不能说上床吃亏的话儿——这道理谁都懂。

还因为他是男人，花了女人的钱——他还有什么可闹的呀！

男人做了小三，命里注定，只能招之即来，挥之即去，好说好散，才算敬业。在世人眼里，他早已便宜占尽，哪里还会有什么委屈可言呢？

难道真想跟她白头偕老？

之所以不肯再跟他继续下去，她就是怕事情败露，自己落得净身出户，一无所有，还外带一个孩子。到那时，他是娶了她呢，还是幸灾乐祸呢？

女小三能捞到好处，不仅因为有曲线，还因为年轻是女人的优势，可男人年纪轻只是劣势。

大家并不把男人叫小三，而是叫二爷，为啥，就是因为够"二"啊。

卧薪尝胆这个词儿，正是给男小三们准备的。想想吧，十年或二十年后，他事业有成，风华正茂，而她，唉呀呀，唉呀呀……到那时再去看看她，说不定还能替她排忧解难，既有诸葛孔明的潇洒，又有苏东坡的肚量，不比现在追着讨要公平、发泄私愤，来得光荣伟大和正确？

总是遇见坏男人

——人算不如天算,要给自己设置底线

现代都市,和芊芊一样,在同一个地方栽跟头的女性,比比皆是。

她跟第一个男友 A,在一起将近十年,结婚前夕,他突然不愿意了。理由是配不上她,可她知道原因何在。他好赌,而且和所有赌徒一样,认为自己会有大赚的那一天。结婚前,芊芊的父母寄来几万块钱,全都被他拿去赌,输光了。她当时已很绝望,但还怀有一线生机,心想赌光了也好,至少给他一个教训,能让他痛改前非。谁知道,结果竟是他的无情离开。

那时,她已二十七岁。

两年后的冬天,新年放假,她一个人在商店里瞎转,遇见了B——一个离异的光棍汉。无固定职业,但人窝有趣,爱好广泛。都是寂寞之人,所以在一起似乎也很自然。他炒股,搞收藏,做点零碎的小生意,经济来源很不稳定。芊芊本来是想和他结婚的,但男人不争气,别的女人打上门来,控诉他骗色骗财,借钱不还。

以后的三四年里,她见过不少男人,有亲朋好友介绍的,有网上认识的,但都难找到感觉。芊芊吃过两次亏,变得草木皆兵。

直到遇见 C,是同事介绍的,医生,人很老实、本分,和以前交往的男朋友都不同,通过他的同事做了一些了解,大家都说他是个好人。唯一的缺点，就是有些木讷。

于是放心交往，也倾其所有，为他买衣服手机电脑手表等，从不计较。

4月领了结婚证，新房买在郊外，因为装修忙，两人已好久没有聚在一起了。半个月前，芊芊去男人宿舍，对方正好不在。打开他的电脑，随便翻看，突然发现了一组照片，是他和另一个女人在宾馆时的裸照。那女人芊芊认识，是他的女同事，已婚。

芊芊大骇，将照片下载到了自己手机上，然后发给了他。

男人立刻就赶了回来，哀求芊芊，同时动员他父母一起来劝她。他保证这只是追求刺激，同时极尽全力说这个女人的坏话，说她下流，是她主动引诱的他。

芊芊伤心无比，想想自己三十出头，是否还有继续挑剔的权力？她提出分手，但男方坚决不同意。

对即将开始的婚姻生活，芊芊充满了恐惧。她不明白，为什么自己的爱情故事，总是喜剧开始、悲剧收场？

世上有两种感情错误，是人人都易犯的。

一种是自以为完美无瑕天作之合的，结果往往因一点小事便心理崩溃，满盘皆输。

另一种则正好相反，充满了遗憾和缺陷，可越遗憾越觉得难得，以为只要受尽委屈和伤痛，就是真正付出、深情爱过。

这么喜欢自编自演悲剧，又何以指望喜剧收场？

芊芊，似乎是后一种人。

一来害怕可能出现的不确定，明知对方问题多多，依然与之结婚，想以此求得善果。

二是想利用对方缺点，提醒他自己多多牺牲，以谋取能紧紧抓牢的感情。

三是将自己的价值建立在别人对自己的看法上。比方没有婚姻，就会觉得自己毫不中用。

我们恋爱、结婚，难道不是为了更好的生活？如果经济无法保证，至少也要让人感觉比一个人生活时更好——因为有他，我会更快乐，更有趣，更轻松，更安全。

而不是像芊芊这样，为了能结婚、为了打发寂寞、为了保留一份名存实亡的感情，不停地做减法——减去独立、减去坚强、减去快乐，甚至减去自己看重的价值观、生活趣味、对人品行的判断，然后，终于，口不对心，心不对脑，越来越能瞎凑合，自然，越来越难遇见好男人。

明明不喜欢好赌、离异、木讷的男人，却降格以求。

谁知道，木讷的，一样会风流；有真感情的，一样会骗人。

总是遇见烂男人不要紧，最多算是运气不好。可每次都发展到与之结婚的地步，那就是自己的问题了。

想结婚，就需要多做加法，少做减法。我们说人算不如天算，精明强悍做不到，设定一个不能妥协的底线，至少可以少栽几次跟头吧。

毕竟，金钱、感情、年龄都不富有了，还有多少本钱，能让芊芊这么赔钱赔睡又赔罪呢？

虚伪的男子气

——对老婆都不好，所谓义气都是扯淡

哪里能想到，现在还有男人口口声声男子气，呼朋唤友，流连夜店，老婆多说两句，不是骂骂咧咧，就是拳脚相向。如果能在外面广结女友，那就更有威信了。

男子气概，到底是个什么东西呢？

大碗喝酒，大块吃肉，见了女人，要么目不斜视，要么狎昵亵玩？

古代小说中，倒是时常见到这样的男人，尤其在《水浒传》《三国演义》中。但那时男人多要求出生入死，除了打老虎，还要上战场，身体野蛮了，心灵不那么细腻，似乎也在情理当中。现代社会，男人除了需要在床上卖点力气，还需要在哪里流血流汗？何苦做出这样一副粗野的样子，吓唬人呢？

时下男人的标准，已经变化很多，君不见弱不禁风的美少年大行其道么？留长发，掉眼泪，咿咿呀呀，心细，会唱歌，会跳舞，会家务……现在流行的，是这样的男人。

口口声声，要做大丈夫的，在这个时代似乎并不吃香。社会以尊重女性、知书达理为男性的美德。在老婆面前耍男子气的男人，在外面，当着女同事或是女客户的面，总不会动辄大呼小叫，颐指气使，见人家提着三公斤重的东西，赶紧扭过脸去，权当没有

看见吧。

不会不会，一定不会的，否则他人缘肯定极差、口碑极坏，哪里还会有人跟他吃肉喝酒，甚至还有别的女人愿意让他泡？

心理学家说，一个人秉性如何，外人的评价，都是不作数的，只有家人最有发言权。关起门来，对老婆骂骂咧咧、恶语相向，或动辄暴跳如雷，甚至动手，这才是他的狰狞面目。

说到底，就是缺点毛病一大堆，何必扯上男子气概？

让人敬佩的男人，并不靠拳头嗓门，也不靠烟酒牛皮轧姘头，对妻子儿女负责，做好自己的事业，孝敬父母，对朋友无欠无拖，自然而然地，就能树立起权威来。

何必要处处战胜老婆呢，难道赢了老婆，中国就能强大吗？

这样的想法，的确很傻很白痴，对老婆温柔体贴一点，谁说就会损了尊严呢？即便宋江、杨雄，老婆没偷情之前，人家也是捧在手里，含在嘴里的呀。

放纵的"男子气"，说穿了，就是自私自利、以强欺弱、耽于放纵而已。不想负起做丈夫、做父亲的责任，于是虚张声势，掩盖心虚，比起家庭生活的平淡，在外面玩当然热闹了。既要花天酒地，又要理直气壮，于是只能以强欺弱，不由分说，先占山为王，顺便再来一句"哪个男人不风流"？这样就更可以无法无天了。

一个人如果对自己的老婆都不好，实在想不出他还会对其他别的人有什么真情实意。也许骨子里就是冷漠凉薄之人吧，感情上可能很难靠得住，实在是多走近一步，就多一分危险啊。

男人有钱也是罪？

——钱多钱少，跟真爱没多大关系

一个叫春雪的女网友，年龄不小了，刚刚离婚。

因为前夫有钱就变坏，忘记了曾经的患难，周围天天美女如云，大腿如林。

从此，她对有钱男人害怕了，宁可找一个一无所有的穷男人。

可是，穷男人的毛病很快就出来了，尽管蛮巴结着她，也愿意帮她分担家事，可她就是觉得不舒服。

一个中年男人，穷得叮当响，怎么看怎么猥琐。女朋友来串门，她做贼心虚，竟不敢将男友介绍给她，而是说那是水暖工人。

到底怎么了，是不是自己太势利、太浅薄、太虚荣？

换了她再年轻十岁，我肯定会说，你怎么能这样势利？人品呀，感情呀，那是靠钱来衡量的吗？

可是现在，我会说，你做得没错，是骡子是马，有本事掏出钱包来遛遛！

年轻的时候，男人没钱，出门约会，请女友吃碗拉面，卤蛋一人分一半，依然怎么吃怎么香。那时的他，脸上没有褶子，身形矫健，性格开朗，对女友一心一意，爱慕有加，这么多优点集于一身，再要求他口袋里有钱，会不会显得太贪婪了？

所以，从没有哪个女人，会对年轻男人要求钱多，最多只要求

他个子高一点而已。

可是对于中年甚至快要进入晚年的男人，要求当然就不同了。

鸟从天空飞过，还留下点声响呢！中年男人，除了钱、房、事业，还有别的什么能证明自己曾经飞过吗？

因为吃过男人有钱就变坏的亏，所以掉转方向，疼惜起一无所有的男人来，当然不妥。要知道，男人变坏，和钱的关系真不大，只是这个男人本身有问题。没钱时他起早贪黑、挨冻受饿，他并不是为了她才这样，他只是忙得没有时间去找别的女人而已。

男人有钱就变坏，说的是那些没品的大老粗、暴发户，温饱刚过，才奔小康，就动起了找小三小四的龌龊心眼，仿佛富裕了，不来点纵欲无度，就对不起曾经的饥寒交迫。

用清贫来判断男人的人品，是毫无根据的。他到底是什么货色，还非得等他手里有了点钱，才能看得出来。

毕竟有钱又爱家的男人，还是占大多数的；曾经同经患难，富贵相守的，更是数不胜数。

要知道，金钱和地位，是弥补中年人年龄大、相貌差、脾气坏、子女多等缺陷的工具，没了这个，其吸引力肯定直线下降。

很抱歉，这个社会就是不公平，男人会挑剔女人的年龄、身材和相貌，女人当然也要挑剔男人的收入、收入和收入。

没钱没地位的中年男人，如果是真的猛男，那也就罢了。可如果连这个也不是，又怎么让她舒服、快乐呢？

不，谈收入，谈资产，并不代表就不相信爱情了。爱情是永恒的存在，这道理谁都懂得。只是大家的年龄都不小了，不能老跟爱情较劲不是？

说钱多钱少，总是一件非常容易的事儿，可爱情这事儿，谁能说得明白？

圣母情结

——希望男人来拯救自己，却往往陷入被动

很多女人，都有圣母情结，想拯救一个不幸的男人。不，并不针对不幸的好男人，一个男人很好，却不幸，只配女人怜悯，不配女人去爱。

女人愿意爱的，都是不幸的坏男人。

因为她想，坏并不是他的本性，而只是他的不幸使然，她为他从没有体会过幸福的滋味而悲伤，认定单纯而善良的自己，才会是魔鬼终结者。

某女就是这样的一个典型。

与某男相爱后，发现男人显然没有他说的那样完美，尽管她依然倾慕他的才华，可也发现他背后的故事：

身世凄凉，父母早逝，十八九岁就被好色的中年女人骚扰。这让他对女人的认识，基本停留在两大工具的层面上：一、泄欲；二、取款。

此番境遇，令某女害怕，可却没有勇气离开。于是将懦弱换成大爱，发誓将拯救某男，改造某男，让他从此过上正常人的幸福生活。于是有事没事，便谆谆教导，教义自然是她心目中的标准：干

一份能赚钱的固定工作，不要随便一夜情，不要玩失踪，不要入不敷出……两个月不到，男人便深觉其乏味、单调和幼稚。

于是他跑，她追，还追得痛苦心碎。

其实，别有用心的男人是会利用女人的拯救情怀的，表现一点无助、表现一点软弱，立刻就能让女人主动起来。但如果对这个女人，全然没有了想法，他只会不屑一顾，甚至觉得对方伸过来的温柔手，是一种粗暴的干涉。

凭什么要我做稳定的工作？又凭什么拿我当赚钱机器？一夜情是能说戒就戒的吗？凭什么我要让你高兴？

他是浪子，他当然比她更有权利追求自由。可她一心想改造他、感化他，像电影里演的那样：冷酷的，变温柔；凶残的，流眼泪；花心的，变忠诚；吝啬的，买别墅……真是大有"我不入地狱，谁入地狱"的牺牲精神啊。

改造男人，也是女人自古以来难以放弃的爱情追求之一，即便是跟着他抢劫杀人，也有信心说服他变成一个替天行道的蒙面"佐罗"。

女人都以为自己是特雷莎修女，再大的苦难，都能对付，再坏的男人，也能令其回心转意，忍辱负重、无怨无悔，只要他能投奔光明，相信爱情。

可这世上，特雷莎修女却只有一个，没有更多。原因就是，并没有几个人真的能拥有圣母情怀，只求付出，不求回报。

比如某女，虽然口口声声要给某男幸福，可希望的，却是他能为她而做改变，过她喜欢的安稳生活，谈她喜欢的忠诚情爱。刚刚恋爱，就想到了家庭生活，刚种下跳蚤，就想收获龙种。

越是平凡的女人，却越是容易幻想轰轰烈烈的爱情，越希望自己的故事与众不同。想要不同，当然得从原材料下手，平平常常的男人，肯定不能造就不平凡的爱情——唯一的办法，就是爱上一个不该爱的人，比方已婚者，或是一个危险的人，流氓、浪子、暴徒，反正和别人不一样就行。

其实，谈恋爱和吃饭一样，是要量力而行的，在你不是特雷莎修女之前，更不要急着去拯救坏男人。如果真想为坏男人做点什么，不如好好生活，和一个天真开朗的男人相爱。让坏男人也看看，这世上本是有干净纯美的爱情的。然后，说不定某一年的某一日，阳光，就照进他阴暗潮湿的心房了。

这才是最好的拯救方式呢。

婚姻是件苦差事

——爱情就像苦药，加些糖时才会感觉甜

说个老段子：

成龙和林凤娇。

结婚后，他没闲着，她吃斋念佛拉扯孩子。现在他老了，没力气了，终于看到她有多好。到处跟人说，她是真的为我想。

林凤娇呢，如果不是念佛隐居，眼不见心不烦，能否接受丈夫这么胡来？

让我想，断不可以。她会闹，会离婚，会复出，会有一段自己的人生。但她志不在此，只想得道成仙，哪里还有心思去争去吵，

去建立自己的新生活？婚姻？不过是一副臭皮囊，扔与不扔，有何区别？

因为能这么想，婚姻才能维持这么久。她看成龙的花花肠子，可能已如观音看世人，别说出离愤怒，亦早摆脱嫉妒、颓废、难堪，只有悲悯、超脱、居高临下，所以，才肯帮他，也才会进进出出，一脸平静。

否则，感情死亡，话不投机，却要共处一室，格格不入，还得尽量敷衍，又想维持最低限度的尊严，那才真是生不如死。

能成仙的，毕竟是少数。大部分人，则是深陷泥沼，忍痛挨刀。问题多多，互相仇恨，可还在说服自己，接受现实，尽量保持已婚状态。

原因复杂。

一是成本论。一个家庭建立十年，双方都付出无数心血，财产、朋友、事业，都刚打下基础，只待夯实。一旦破裂，财产分半，朋友白眼，心情不稳，状态失常，事业会受到影响，外人也不会闲着，多有议论。赔上大把时间、金钱，还有奋斗多年的名誉，只为一晌贪欢，即便道德感十足的看客，都会觉得划不来。

二是孩子论。父母不和，让孩子凭白失去安全感，坏处不必多说。最糟糕的是，孩子无端恨上离开的那一方，做父母的，哪个愿意？

三是面子论。离婚，毕竟是人生一憾，自己都会否定，何况别人怎么想？会说我无能吗？会嘲笑我吗？会认为我处理不当吗？会吃亏吗？……以后招工应聘出国填表，就要写离异吗？

……

所有的理由，都在说服自己，不要轻易离婚。即便心中无爱，即便恶语相向，即便无药可救，却还在拼命装饰门面，作一切无恙状。

真令人心碎，这哪是人过的日子？

婚姻能救，当然最好，但如果没有了爱情，不如分手。成本、孩子、面子，种种理由，只是因为不甘失去。

分手等于大解脱，如一刀割去毒疮，伤口总有痊愈的那一天，总比一直拖着，患处一直溃烂，消耗精血要强。

很多女人摆脱多年颓靡情感之后，都会重新振作，在事业上狠下功夫，三五年内，就有成绩可见。

现代人结婚多是顺理成章，你见谁和意中人结婚就喜极而泣的？即便再相爱，也会知道婚姻本质上是一件苦差事，就像一碗带了苦味的中药，生育、责任、义务、教养，需要无尽付出、无穷忍耐、不停迁就，即使能维持下去，亦要付出高昂代价。但有了爱情，则可能像枚糖丸。让我们在喝下这碗药时，不会觉得那么苦。

人生本来就是支离破碎，三心二意，何必追求真善美，高精尖？没有了糖丸，一味吃苦该有多痛？

分手是结局，不是悲剧。就此收拾心情，过平凡简单生活，才是真。

结婚没有返程

——牵手就是单行线,婚姻需要双方承担

有句老话这么说:"男女因误解而结合,因了解而分手。"好多人都点头称是,可谁想过,我们到底误解了什么,又了解了什么?

小倩是个 22 岁的女孩,从小父母离异,跟父亲一起长大。18 岁时,她父亲有了新女友,对她的照顾不再像以前那么无微不至。和继母吵嘴后,父亲也会指责她不懂事。她心境不佳之时,认识了现在的老公,他刚大学毕业,对小倩一见钟情,一心只想给小倩一个温暖的家。于是,不顾双方家长的强烈反对,两人匆忙结了婚。随着孩子出生,家里的矛盾日益增多。

男人开出租,每月只有一千多块钱收入。小倩没有工作,还要自己带孩子。可以说,两个人都感到非常失望,男人后悔过早结婚,小倩也已意识到选择是错的,心里打起了离婚的念头,眼看孩子又要面临单亲之家。

如果说,当初的一见钟情、匆忙结婚是一场误解的话,那么今天的经济拮据、家务繁重,就是了解了吧?

现实生活,比起谈情说爱来,总要沉重许多。可谁又能一直谈情说爱,不进入现实呢?而且也并不是所有的爱情遭遇了现实,都必得惨败啊。

99%的人,还不是一边柴米油盐,一边相亲相爱的?

和生活中的很多事情一样，婚姻也是需要承担的。其中的关键，并不在于爱情如何长时间保持不变，而在于在承担的同时让"新爱"在不同的情境下依然能够不断涌现。

它必得是一种创造，一种改变。

这世上，除了父母对子女的爱，并没有什么情感模式，是会永久不变的。尤其男女之间，就像人吃饭，总吃干的，就想喝点稀的，喝了稀的，又想吃点干的。站久了，想坐下，坐久了，又想躺下。它不会像雕塑一样，一直举手向天，满怀希望，保持一个姿势。

所以，每个人的角色定位、情感要求，也都得随着周围条件的变化，做出相应的调整。否则，就很容易倍感失落，痛苦万状。就像小倩，她父亲有了女友就不再对她无微不至，她丈夫结了婚就不再拿自己当回事，于是感叹：天下男人咋就一般黑呢？

人生境遇发生变化后，感情也会进入不同的层次。"王子与公主从此过上了幸福的生活"，这是童话。真相则是，公主和王子一起经历了风风雨雨后，她对他有了更深的了解、体谅与感激。

还有，每个人结婚，除了单纯的爱情，都会有其他的理由。比方年龄到了、花钱比较舒服、住宿餐饮更方便、不想忍受一人到天明，等等。这和小倩希望独立，男生渴望给她温暖，并没有太大的差别。

他们的婚姻，并不是误解，而是和千千万万人的婚姻一样，都是感情到了一定程度后，自然而然的结果。

成家这条路，是没有退路的，它就是一个单行道，到哪里也买不到回程票。最多，也只能中途下车。

而亲人朋友，最想看见的，就是多年之后，每对夫妻，都能一起手牵着手，从容出站。

再婚焦虑症

——与其麻醉自己，不妨享受单身生活

离婚后，有很多女人，会一时难以接受被抛弃或是婚姻失败的现实，渴望着尽快找到合适的男人，恨不得第二天，就赶紧再婚。至少在表面上，给人一种一切都还好的印象，毕竟谁都不喜欢被人窥见伤口，尤其血淋淋地暴露于光天化日之下，仿佛打上了什么不幸的标签。

这种焦虑，除了表明当事人无法达到社会期待时而产生的不安之感外，其实和爱情或对方是否合适，并没有太大的关系。

一般来说，女性在这方面的困扰比较多。

因为很多女性的价值观中，很重要的一个自我评价，就是"被爱"、"被喜欢"、"被追求"，当这种"被爱"、"被喜欢"、"被追求"的渴望过于强烈时，她甚至会忘记自己需要的到底是什么。

她会将所有注意力，都转移到"会不会不被爱、不被喜欢、不被追求"的焦虑上去，即便也有约会，也会做爱，也有不错的语言交流，可她却会全然忽视过程中能享受到的快乐、欢愉、舒适的天气、投机的谈话，反而满脑子想着："什么时候才能结婚啊？我会不会死得很难看呀？"

如此一来，结局肯定就惨不忍睹啦。

要知道，伤口已经撕裂，并不是缝得越快，它就越能完整如新的。至少疤痕将会留下，曾经的痛楚也会留在记忆之中。这都是人生常态，不是你不看见就能一笔勾销的。非要认定迅速再婚，就能让自己也让别人忘记此事，和一叶障目其实是一个道理。

焦虑，在这个过程中，渐渐成了生命中一种强迫的力量，甚至令人上瘾，越是无法确定对方是否想跟你结婚，就越是有更强烈的心情要弄个水落石出，甚至更想努力去讨好、逢迎、巴结，失去自我意志，去做自己并不想做的事，从而让他各方面都能满意。

真的就能满意吗？

要知道，两个目标并不一致、想法也不尽然相同的男女，越是刻意将对方拉到自己的路上来，反而越容易引起叛逆。将交往的重点，放在是否可以再婚，而不是对对方的欣赏上，只会变成阻碍再婚的阻力。

离异男女，双方都有分手之痛，正像创伤，需要慢慢愈合。迅速再婚，也许算是一种缝合手术，至少表面上，看不到明显撕裂的伤口。

但和很多手术一样，缝针之前，必须先打麻药，只有麻药，才能使人不会感受那么激烈，麻药是种过渡，让人晕晕乎乎、迷迷瞪瞪，暂时忘记之前的痛，而只看到伤口缝合的好处。

静下心来，谈一段或是几段恋爱，则是必须的麻药阶段。

了解对方多一点，多享受一下单身生活，又有什么不好呢？轻松恋爱的同时，做好自己的分内之事：家务负担轻了，有更多时间和孩子在一起，反正只能靠自己了，工作上更要追求进步……把所谓不幸化为有幸，才是应对之道。

一场长久的地下情

—— 在外遇和婚姻中间玩火，是种分裂的爱

有个大佬玩黑钱，被通缉了，很是热闹。其家族的重要罪名就是"洗黑钱"——将不属于自己的收入，通过一些渠道或手法，转成合法的收入。

有个女孩雪珍，像黑钱一样，被卷入这个故事。

雪珍做这个大佬的婚外情人，却常常被拉进他的家庭聚会，大佬让她和妻子交朋友，还将自己的表弟介绍给她做老公。因为他说，最危险的地方才最安全。

是不是人都活得太不容易，除了梦里发笔横财，就是白日里苟且生活，可越是这样，就越想让平凡的生活得到"升华"？

爱情也一样，爱情不仅仅有亲吻、甜蜜、礼物、大呼小叫，它还有巨大的压力、必要的忠诚、无法逃避的责任，而我们的能力又是那么有限，欲望又是那么强烈。越是这样，就越是要找个办法，让爱情活下去，即使是一场见不得光的爱情。

所以，他才会不择手段，甘冒风险，一边叫她去跟老婆做姐妹，一边为她找个他了解的男人，让偷情变得不令人起疑。

只可惜，她是人不是钱，所以不能像真正的黑钱一样，心安理得地接受安排。

的确，他就是庸俗的洗钱者。虽然也知道真爱无价，但迁就自己的生活更要紧，没有理由为谁牺牲功名、时间、金钱、利益、熟悉的圈子……无论生活中发生了怎样的变化，总要保持悠游自在，而且她已有归属，随时随地，他还可以更换朋友。

不能说他不爱她，因为洗钱者亦爱钱，只是可惜，他并不懂得爱情，正如洗钱者，懂得如何捞钱，却不懂得情理法理甚或天理。

敢坦然寻找外遇的，其中一些人，是懂爱情的；坚决捍卫婚姻的，其中一些人，也是懂爱情的。只有这种太会阴谋阳谋、太会平衡关系、太想将自己置身于传奇的人，不懂爱情。

将外遇玩成了政治，玩成了反间计，是外遇和婚姻的双重失败，不仅不给他的家人面子，也忽略了情人的尊严。在偷情的路上，他成了一个耍手腕的机器人，机器人是可以被设置出"爱"这一程序的，只要技术到位，也会说情话，但要让其明白爱情是什么，哈！

"洗黑钱"，听上去简单可行，却并不会如想象的那么美好。

为一场不能长久的地下情，牺牲自己的婚姻、生活、真情实感：一边和丈夫登堂入室，一边脑子里想着他；一边含笑听他老婆讲述家事，一边愤怒自己被大大忽视；做爱时永远扮演着另一个女人，吃饭时永远搞不清该放肆大嚼还是小口吞咽……作家霍桑早有名言：表里不一终将自我混乱。要我说，演来演去，还会精神分裂呢。这一切的一切，别说爱情，就是和性爱的自然、干净、融合、快乐，也背道而驰呀。

真不如黑下去，至少在黑暗中，人尚有勇气面对真实的自己。

史上玩外遇的男人并不少，可并不都是诡计多端的。毕加索给情人的信这样写道："今天是 1936 年 5 月 13 日，我爱你多于昨天，少于明天，我会永远爱你，正如他们都说，我爱你，爱你，爱你，

爱你，玛丽·特蕾丝。"

即使她不见天日，即使他很快就换了新的情人，可对女人来说，肯胡言乱语昏头涨脑、大量给予情话不计明天不管后果的男人，才配拥有情人吧！

梦见了旧爱

——感谢旧情，不要让新情出现遗憾

在某个论坛上，看到一个男生发帖，说特别受不了那些整天说星座的女生。任何人、事，都要神经兮兮地拿星座来评判一番。其实他这话有些偏颇，男人也有对星座感兴趣的，否则风水大师、星座专家，怎么都是男的呢。

只不过女人喜欢说话，这些东西又是最好的闲聊时的话题，就像看电视时嗑的五香瓜子一样。还有，不仅有爱拿星座说事的，还有喜欢解梦的呢？

很多杂志都有一些解梦的小栏目。渐渐没有人说那是迷信了，反而会煞有介事地咨询、回答。尤其一种梦，确实是女人问得较多，那就是梦见了旧爱，算是怎么回事？

明明分手好多年了，而且当初分手分得异常艰难。从那以后，她仿佛脱胎换骨，重新做人。可是却在新婚前夕，又频频梦见旧爱，还有他们在一起的快乐时光。

到底是她难以忘情，还是别的什么？

其实，世上有多少人，就会有多少梦。怎样处理梦，应该也是千人千法吧？有睁眼就忘的，有见人就讲的，还有找人掐算的。但不管怎样，梦总归是梦，再美丽再旖旎，也与现实无关。

如果她非要从梦见旧爱中挖出什么人生道理来，她目前的新欢，倒是可以用四种方法来对付她：

一、吓唬法。喝酒多了会中毒，梦做多了也一样。君不见某某诗人，就是因为分不清现实和梦境，最后进了精神病院？此外，科学研究表明，梦太多往往影响睡眠质量，继而还会影响内分泌。亲爱的，你还没有生孩子吧？

二、可以趁机八卦。借着与她说梦，逼供出以往的更多隐私，反正她已神兮恍兮，他大可以抢占智力上的优势。

三、将她说梦时的痴痛状，录音或录像，待天大亮时，一同欣赏。现实有多锋利，梦就有多不堪一击。到那时，她一定比谁都明白这个道理。

四、如果她非要坚持梦有道理，那他还有一招。就是跟她抢着做梦、说梦，他又不是没有前女友或前妻。

梦见前情，或幻想余情未了，其实是斩断旧爱延续的疼痛。割断一段感情，自然会带来情绪或情感上的不平衡，时间渐长，狐疑或犹疑就会重新浮出水面。

其实，大部分人都会面临类似的困局。事情要在结束之后，才有力量咀嚼再三。毕竟只有很少的人，能真正做到不记来时路，且走且忘啊。

梦见旧爱，是不是真是旧情难忘？可能会有一部分难忘的成分在里面，毕竟曾有过快乐依偎的好时光。但仅仅因为几个梦，就要

重续前缘，则大可不必。

　　街头解梦的人，多少都有些可笑。比方梦见蛇，代表什么，梦见水，出行不宜等。也有些人，会将噩梦当做人生失败，或纠缠不息，或沉迷担忧。仔细想想，这样的荒唐，和梦见旧爱心有不甘，又有什么区别？

　　梦，反映的，无非是一个人当下的情绪状态，它的主要目的，是帮助人释放压抑在心底的重负。比方说，做噩梦是为了排遣焦虑。做春梦呢，和梦中之人并无关系，意味着你和恋人情感的热度或亲密度需要加强。

　　当旧爱频频出现在梦里时，你需要感谢他。因为他千里迢迢来到梦里，其实是为了提醒你，不要让新的感情再出现遗憾和痛楚了。

第四章

女人有气场，自信就是魔方

　　分手和变心，只能说明现代男女活动空间比以前更大，可以选择的品种和口味更多了。自信的女人就有气场，适时分开，正是爱神帮忙，它为女人们保留了享受真正爱情的权利，也激发了我们学习爱的能力。

漂亮女生的职场路

——实力决定魅力，能力决定出路

　　年轻漂亮的女生，学历不高，资历不足，在人才济济的大公司，却突被提拔升迁，按很多人的想法，这其中定有猫腻。

　　不仅同事风言风语，相恋多年的男友，也不会相信天上有如此掉馅饼的好事儿。

　　加上老板本身口碑就不好，又做出一副给了她天大好处的样子，眼神和行动，都在暗示她应该有所回报。

　　怎么办？

　　辩解无力之时，会不会真的冒出用身体去报答老板的想法？反正大家都这么想，坚持清白，说不定还是人财两空。做了，至少能捞到一票。

　　不，这肯定是下下招。

　　凡事都有特殊性和普遍性。

　　包括男朋友在内，大家用有色眼光，会认为自己是在普遍事例的基础上得出的结论。可她却不认同，认为自己是个特例，就是凭自己的本事，就是因为自己有过人之处，才得到了这个位置。

　　能这么想，是很好的一件事。

　　说明她对自己的能力，有足够的信心。接下来需要做的，就是坚持这份信念，努力工作，让大家看到自己的实力。

最怕的是自己也对自己产生怀疑，和大家的看法一样，认为受老板提拔，只是因为对方起了色心，为突遭提拔感到不安，甚至希望用身体去报答老板。如果真想去做，不妨先在乳房上画一个骰子，保佑自己运气好一点。

想要坐稳一个位置，绝不能一开始就承认自己是上进卖身女青年，因为那样一来，很快就会有别的上进卖身女青年来替代自己。业务精、能力强、同事关系好，才是天长地久的东西——自身的软实力才是关键。

诚然，做任何工作，都不得不委曲求全，可以不为五斗米折腰的，有几人？

但如果要扭曲人格、不择手段的话，便是自己作孽。工作是你选择的，其中总有能令人维护尊严的机会和办法。

重要的是信任和尊重自己。

即便在乱世，按常理出牌、勤劳肯干的人，成功概率依然比侥幸得手的人多得多。

上司好色，是他"寡人有疾"，是他的缺陷，只要不在乎，就不关己事。也没有必要将同事和男友的怀疑，当做献身的理由，升职再开心，也无需喜极而泣。

当然，更没必要四处声明辩解，老总固然品行不端，大家也会对他有所怀疑，但辩解，只会遭到可怜或取笑。被愚弄被嘲笑的滋味，并不好受，不如转身奋发图强，好好工作，让人说不出任何话来，才是人间正道。

毕竟，老板也不是开色情公司的，属下工作能力强，对他来说，比起跟伊上床，应该重要得多。

何况男人们靠性别优势，得到工作岗位和职务的，满坑满谷，不是比女人多得多？

哪里真的就能轮到他们来聒噪了呢！

女人都可做"魔头"

——尝试着改变自己，释放个性

女人头发、相貌、服饰或者身材的改变，是否会带来个性的改变？我们见惯了粗衫烂履、满嘴脏话的泼妇，也见过衣冠楚楚、珠光宝气的淑女。以大部分女人的日常经验来说，衣着光鲜，脚蹬高跟鞋时，比较难跟人翻脸，但穿着睡衣去菜场，就很容易理直气壮地讲讲价钱。

女人的做派，和穿着、相貌或肥瘦是有关系的么？难怪丈夫总是抱怨最难见的就是妻子温柔性感的那一面，因为她一回家就换了使唤丫头的衣裤。又难怪有妻子要买性感内衣，原来人家还有两面性。

说到外形给女人带来的改变，好莱坞影星查理兹·塞隆应该深有感受。在 2004 年上演的《女魔头》中，她扮演一个为长途司机提供性服务的妓女，遭遇暴力后，开始杀人，渐渐成了著名的公路连环杀手。故事是根据真事改编的，塞隆出演这个角色时，正是当红的模特和影星，性感、美艳至极。为了演像这个女人，她增肥了 30 磅，使自己看上去膀大腰圆，壮硕无比，又在脸上下了功夫，索性化成

猿人妆，嘴角下垂，两颊突出，据说这个可怕的扮相竟吓跑了投资方，她只能自己投资。

靠这个片子，塞隆拿到了当年的奥斯卡最佳女主角。但当时拍片时，并没有多少人同意她化妆成粗俗凶狠的样子，塞隆却坚持，理由就是当女人外形发生改变时，性格、动作、表情也会发生很大的变化。

想想她是模特出身，基本是靠光鲜的衣着来吃饭的，想必举手投足之间，早已是人衣合一，不分彼此，衣服有多漂亮，她就得有多漂亮。她的表情、语言和动作，已经习惯了跟着自己的身材和穿着走。

精美的东西，总有一种包装，从本质上讲，甚至是裹步不前。这个角色最后能让塞隆如此投入，并诠释得这么好，我想，一定和她渴望着一次彻底的改变有关。放纵、疯狂、破旧、粗野、肥胖、直视、反抗、暴力……所有的一切，都和她平日的华美、规矩、高傲、冷艳、整洁、精致、和顺……彻底两样。她在这样的对比中，感受着人生戏剧性的另一面，也体验着自己内心还可以挖掘出的那么多陌生的东西。

片子最后很成功，塞隆也靠此片挤进了好莱坞一流女演员的队伍。我们见过很多女演员，为了演乡女粗妇，将自己化妆得丑陋肮脏。可见丑和脏，在很大程度上，是一个女人放弃底线的标志。

但这不能一概而论，正像所有事情，都有个层次之分一样。粗鄙丑陋的做派，只适合自暴自弃的街头泼妇，美国还有一部影片《时尚女魔头》，刻画了一个不近人情、将下属当牲口一样随便使唤的女魔头形象。外形光鲜，谈吐精致，内心冷酷，尔虞我诈，这是另一种境界的妖魔了。好莱坞常青树梅丽尔·斯特里普出演的这个角色，不用自毁形象，也不用增肥，一丝不苟的银发，身着名牌服饰，颐指气使的风度，说话时低沉的声音，即使训斥下属的刻薄语言也是轻声轻气的，傲慢的眼神，轻轻一瞥，足以令人堕入万丈深渊。

两种女魔头，你愿意做哪种？一身肥肉的疯妇，还是一身名牌的心理变态狂？前者因为敢自我作贱，挣托了女人的束缚；后者厚颜无耻，成了人中之凤。世事残酷，女人的蜕变总是在这样或那样的惊心动魄之后，她们之所以能在银幕上盛开、被人记住，不过是道出了生活中女人们普遍风格的两种极致，如果可以，我们在自己的身上，应该都或多或少能看到片中人物丝丝缕缕的影子：自虐、娇纵、冷漠、反叛、纵情恣肆。

从一朵花，变成一棵大树，女人的生长，多少会比男人更为沉痛一些。被外界所逼迫的改变，怎样看都有些残酷。但一成不变地做天使，活到老，又有什么可以追怀？

常态生活中，下贱无耻做不到，换换衣服和发型还是比较容易的。然后，找点机会，体验人性中魔鬼的那一面，做点有趣的人生尝试，只当给你天性中的戏剧性一个大好的释放机会。从这点讲，每个女人，都应该是个女魔头，那也不是什么坏事。

过去无法改变

——当你做出最好的选择时，你也选择了遗憾

　　故事发生在上世纪 60 年代的一个风雪之夜，医生戴维亲自为妻子诺拉接生，一对双胞胎降临人间，但其中的女孩却患有先天性唐氏症。

　　为了保护家人，或者保护自己，戴维欺骗妻子女儿已经夭折。但谁能想到，这善意的欺骗竟成了一家人的梦魇……

　　二十五年间，诺拉不能承受丧女之痛，开始出走、酗酒，而戴维终日被满心愧疚纠缠却无法言说，只能带着一架"记忆守护者"牌相机去寻找女婴、女孩、少女的影子，仿佛要为他那不存在的女儿留下成长的记录。

　　而在当年一直暗恋着戴维的护士卡罗琳并没有送走女孩，她将女孩留在自己身边，搬到另一个城市隐姓埋名，以一己之力对抗社会的不公，用力背起人生苦难，给女儿一个温暖的家……

　　多年之后，戴维和卡罗琳再次相遇，她对他说："你逃过了很多心痛，但你也错过了无数的喜悦。"

　　这是美国女作家金·爱德华兹的长篇小说《不存在的女儿》中的故事。小说一出，顿时打动了无数读者的心扉，书中的每个人，无论是保守秘密的，还是被欺骗的，无论是渴望着父母关爱的孩子，还是空虚难受的父母，他们都背负着自己的十字架，在命运之路上，艰难前行着。

　　故事讲述了一个简单而又深刻的人生道理，它或多或少，也都曾是我们每个人的经历：在某个时刻，我们的某个决定、某个动作，当时自己并不能了解，匆忙之中，便做出了决定，事情发生了，来不及过多的思量。很久以后，有那么一天，你才会恍然大悟，终于明白自己当年的决定造成了怎样的结果。

　　人生真是连成一串的锁链，想独取一环谈何容易。眼前的快乐，其实是要以将来作抵押的，将来的，又是要以过去来作抵押的。

　　要好的女友曾对我说：这一辈子，真像是一台精密仪器，一旦某个螺丝没有拧紧，你总会在若干年后，看到它运转不下去所带来的后果。但是天知道，过去的那个时间里，我们是在用自己最好的方式拧着那个螺丝的啊。我们会想，也许它不需要这么紧，甚至也许它本来就不该在这个地方的。

　　于是我们看到，再精密的仪器，也会有运行不下去的那一天，也会生锈、停顿、突然卡壳。这就是人生吧，当你开始做最好的选择时，你也同时选择了遗憾、痛楚和受伤。

　　欧美有首流行歌曲，《上帝也无法改变过去》。它告诉我们，既然改变不了，就坦然接受吧，无论你怎样努力，都会有未可知的真相在后面等待着你，也都必须面对有得就有失的结果。

　　可能正是这样，千百年来，真挚的情感、坦诚的相爱，才会备受讴歌和赞美，因为这是人类自身救赎的唯一希望吧，能让我们在忧伤和痛悔中，稍微得到安慰，长恨长爱过后，捕捉到些许温暖和实在。

　　确实如此。

职场性骚扰

——要不让人"吃"定，就要坚持自己的底线

人和人的关系，不到一定的程度，或是荷尔蒙不到一定的浓度，没有谁会愿意被抚摸、被亲吻、被拥抱、被抓捏吧？

或者，只是平常同事，却动辄就说下流话，专看女同胞的反应如何；还有，明知你既不是美术人士，也不是酒楼小姐，却要兴致勃勃地拿来一张色情图片，问你感想怎样。

年轻女性，很多人容易遇到类似的难题。除了公交色狼，最难对付的，就是职场性骚扰了吧。

轻的，摸摸头发、紧紧搂抱、拉手不放。还有假装天真的，直接热烈地邀请：一起去开房吧。

有一个词，专门用来形容这样的性骚扰，那就是"咸猪手"。对女人来说，有时会像在大夏天遇到了一只黏湿手。

程度重的，则是出门搂你的腰，坐下亲你的脸，站起来还要摸你的胸。出差在外，坚决只开一间房，并且说，反正各睡各的床，我不会对你怎样的。

敢毫不犹豫，如此直接就跟人亲昵的人，往往是有权可用的上司。对方一旦拒绝，就会遭到威胁、恐吓、控制、压抑或是欺负。

他认准她没有胆量反抗，才会一次次伸出咸猪手。

对方有权有势，掌握经济命脉，是不是就要接受他的骚扰，吞吞吞吐吐、半推半就呢？

有些事，不拒绝，就是纵容。含含糊糊只是权宜之策，接下来付出的，则必是长久之痛。

有位刚毕业的女大学生玲，工作应聘，上司出面考察，却要求先睡了再说。女孩怕好不容易到手的工作会丢掉，于是放弃原则。结果却是，他看这招好使，于是再接再厉，骚扰不断。

他吃定玲不敢将他公之于众。

她还要嫁人，还要顾及男朋友和家人的面子是不是？

这是个男权的社会，不管女人们喊了多少年男女平等，也还是个男权社会。被性骚扰了，跳出来算账的女性，不仅男人们会骂，很多女人也会骂。男人骂是因为他觉得，性骚扰说穿了就是一种小爱好，和上黄色网站并没有太大区别。不过是看一看、摸一摸，双向选择的事儿，又不要跟你天长地久，大家轻轻松松，油也揩了，快乐也有了，何乐而不为呢？

女人骂则分两种，一是恨铁不成钢，认为只要被骚扰，就是顺从或助纣为虐的。还有一种，令人怀疑是被骚扰过或正被骚扰中，哑巴吃黄连，有苦说不出的。于是寄希望于性骚扰，是一种暗疾或隐痛，谁也不要去触碰。

其实，性骚扰就是性骚扰，它和欣赏、好感、爱慕或是建立平等合作的友谊等，统统无关，它就是一个恃强凌弱占便宜的事儿。瞧，她没胆，她懦弱，她面对这等事，保准除了泪盈于睫，再无别的办法。

它应对的是人的欲望，想靠道德、纪律或说服，来杜绝、约束、改造，难免幼稚或可笑。一开始就不给对方任何机会，是最好的方

法：他非要开一间房？可以，找个借口走出去，再另开一间房就是了。他要抱你？可以，下次进他房间一定开着门。

坚持原则的好处是，即便他开除你，也比受了欺负，却还遭他鄙视要好。

无论怎样，不是大家翻脸，就是忍到生癌，不如干脆利落，直视对方的眼睛，说声"不，我不喜欢来这套"。

为什么总是陷入单恋

——没有自信，胆怯，所以总是纠结于单恋

恋爱场上的女子，常常只分两种。一种让人伤心，一种被人伤心。

让别人伤心的，最讲究顺其自然，更不会勉强他人。一见情形不利，扭头便走。哀艳缠绵？想都不要想，哭鼻子有什么好看？

被别人伤心的，图的就是那份回肠荡气，感人肺腑。他什么都好，唯独不能爱她。她呢，多情善良，偏偏就是得不到想要的幸福。

美女落难，偶一为之，才是浪漫之戏，单恋一二回，不打紧，权当无事消遣，等着英雄前来救驾。

怕只怕一次又一次，总是如此，没个尽头，不得不挨。于是再好看的戏，也成了受罪，无论演员，还是看客，都会没了乐趣。

已经30岁的芒子，至今没交过男朋友，没谈过一次像模像样的恋爱，所有的感情，都和单恋有关。

第一次是在中学，暗恋对方整整八年。第二次是网恋，之前从没出过远门的她，为了男网友独自跑到西安，却没有见到人。第三次是两年前，通过网络又认识了另外一个男孩子，是一家知名报社的记者，就是因为他的文字，她来到了杭州，却没见到本人，而是认识了他安排的一个朋友，又开始了另一段单恋。

因为总是不停地辗转于陌生的城市，为了得不到的爱而痛苦地回忆，芒子内心很是纠结，没有朋友，觉得倾诉很不安全；因为固执，又很难听进去别人的话，于是常常哭泣。

把希望寄托在另一个"有缘"男人身上，是很难实现的。心态健康开朗的女子，是不会在情感上自虐的。

芒子的逻辑是：他不爱我？正好，我还来得及去找一个爱我的人。

扔了工作，千里迢迢去见网友？哦，这么主动，分明不是要吓唬他。不如先说好，来回路费一人一半，情事不成，权当旅游，这样还能检验对方是不是真心。

还有，做这么多年衰事，证明脑子进水太深，需要有人狠狠骂一通才够舒坦！

懂得自爱的女子，怎么会让自己长时间地陷入这样的困境？

有一个故事很有意思，单恋发展到极致，出现了这样的结果：她爱他，可是他不爱她，即便他们一起做爱、吃饭，他也是拿她当做满足一己之快的工具。他要是带她出去吃顿饭，都会觉得对不住自己的钱包。最后她很伤心，于是买了瓶安眠药，准备就瓶酒灌下去。可她舍不得用红酒，于是用厨房剩下的半瓶料酒——

即便殉情，她也不愿喝瓶好酒；宁愿伤心欲绝，也不愿意承认

自己做错了事。不知她的童年经历过什么，才会将受伤的情绪当做生命的常态，唧唧复唧唧，却不肯接受教训，远离那些会辜负自己的人。

是认定自己根本不配欢天喜地，还是觉得这么自怨自艾，心灵才更安宁？

单恋，说穿了，就是胆怯，就是没有自信。

分明是害怕谈恋爱，害怕付出却没有回报，害怕幸福过后，还会有失败，所以才总是会爱上远方的、模糊的、不现实的、不确定的那些人。用惦记着别人的才华、别人的痛苦、别人的情感，来满足恋爱的感觉；以为来点纠葛、痛苦、回忆，就是对爱情的追求了。

之所以生命不息，单恋不止，既听不进人劝，又无力打开心扉，一次次沉迷于受伤的感觉，是因为相比单恋时的苦恼、恋爱时的相思、失恋后的痛楚，做一个容易受伤的女人，还是要简单得多吧？

很怕失去他

——害怕面对，往往是不负责任的表现

最近的一则新闻。

深圳航空公司的一位空姐，和一位有妇之夫产生了感情。男人已经中年，是一位中层干部，女孩大学毕业，刚走向社会。

且不说这中间有多少不平等的因素，单单说两人相恋的过程和结果。

女孩用情很深，一直相信男人会为她离婚，并且能利用自己的位置，帮她出人头地。可是男人，并不这样想，而且，他并没有自己所说的那么能呼风唤雨，他只是一个普通的中年大叔，虽然手中有点小权，可办点事也一样需要四处求人，而且并不顺利。

跟她在一起，只是他的一时情迷，就像小河流水，出现了一个小小的分岔，并不影响整体的流向。可是她却认定他是她的全部，她的方向已经为他而改变了。

于是，她向他要求结婚，男人不肯，欺骗她说，他们能在一起的唯一的办法，就是相约去死。

空姐幼稚地相信他的话，果真自杀了；男人呢，当然没有。

这个故事里面，除了被人们一眼看透的始乱终弃外，是不是也有另一个字，那就是"怕"呢？

女孩自杀，是因为付出的感情没有得到预期的回报，也许她早已看穿男人的用心，偏偏却没有胆量和勇气，离开这个糟糕的男人，离开这段糟糕的感情。以至宁愿一死了之，来寻求解脱。

男人撺掇女孩自杀，同样也是因为一个"怕"字。他怕自己的生活就此打乱，怕事情曝光后职务不保，更怕无法实现对女孩的诺言，麻烦多多。于是，索性给女孩的脑子灌迷魂汤，用死来解决问题。

"怕"这个字，常常被人们用来当做自己无力解决问题，甚至是人格缺陷的借口。

女孩因为"害怕以后再也找不到爱情"、"害怕再也遇不到这样有点权势和地位的男人"，于是在没有彻底了解他之前，就一次次将就着做了无名无分之人；

男人或是做了不该做的事情，"害怕被世人嘲笑"，所以只好撒谎骗人，结果谎越扯越多，越撒越大，到最后难以收场……

仔细追究，这个小小的"怕"字，往往揭示的，是当事人一种不愿负责的心理。

不想为自己，或是他人负责，于是将"怕"字拍到桌面上，甚至做出一种受害者的表情来，只是为了逃避责任，逃避自己需要承担的后果。

空姐自杀，是因为做了第三者，却不愿意承认自己做了错事。如果她不再害怕，肯为自己负责，自然会和男人断绝关系，重新来过，那时就完全是另一片天地。

男人呢，如果有足够的勇气，索性承认自己就是玩弄他人感情的大坏人，也就不会使出如此伎俩，好端端害死一条人命。

在感情世界里，每个人都想做大好人，都拿自己当做痴情汉或飞蛾女，独独不愿承认自己的懦弱和胆怯。遇到麻烦，往往第一时间，扯出的旗子，就是一个怕字。把它裹在身上，以此逃避需要面对的困难、内心的自私、对他人或是自己该负的责任。

总是逃避责任的人，责任最后肯定会找上门，来算总账。到那时，用一个"怕"字来抵挡，会有用吗？

空姐死了，因为她觉得离开那个骗了她的男人，比死更可怕。而那个男人，则认为离婚比死更可怕。

可见，当逃避变成了一种习惯时，死亡，真的就不会再是最可怕的东西了。

不是她不可爱

——内心不宁静，才会不快乐

周日的超市，人总是很多，嘈杂中容易丢三落四。

下到一楼，才想起该买的毛巾没有买。不愿再返回去，只为一条毛巾，重新挤进人山人海。

突然看见电梯拐角下面，有一个小柜台——专卖店，也有毛巾。虽然价钱要贵一些，色彩也不是很如意，但方便。于是走过去，问站柜台的女人："可以拿来看一看么？"

女人岁数不大，很瘦，头发挽在后面，皮筋胡乱绑着，穿着大众款的运动装。靠在柜台角落的一根柱子上，眼睛看过来，却一言不发，也不说话。我再请求，她却将头扭过去。真让人吃惊，为什么这么酷？难道生意不是她的？

只好自己走进去翻拣，找到一条可以买的。付钱时再问她一句："不会掉色吧？"

她依然不说话，仿佛在跟我生气。好奇怪，我又不认识她。连告别时我说的一声"谢谢"，她也没回答。恐怖，为何？

生活中，这样不可爱的女人，你是不是也会碰到？

想起昨天还在一起吃饭，耳朵听得都热了，今天遇见的是冰冷眼神。大家欢聚，她却只管吹嘘自己的品位，衣服、首饰、家人、金钱……只要和她有关的，必定要比别人好。

不经意的一句话，就能让她生气，言辞刻薄冷酷起来。

自诩知识女性通情达理，却坚持将人分成三六九等。

或孤僻胆小，或自视甚高，或急功近利，或重色轻友，或谎话连篇……

怎么掩饰都能看出来，或者干脆毫不掩饰，渐渐地，让朋友们受不了，觉得她不可爱，相处起来好难。

她却无知无觉。

其实，那不是她不可爱、不友善，也不是脾气古怪，只是因为，她的心里不快乐。

失意，憔悴，自卑，孤独……身体每况愈下，难题又解决不了，于是连熟人都不想搭理，靠炫耀来壮胆，鄙视他人，不愿说真话，觉得世人都是假正经。

生活中总有些不如意的事情，会像腐蚀品一样，让心灵发生一点点的质变。那些乖戾或苦恼的根源，总需要时间帮忙，于是积郁受困，倍感煎熬。

四下越来越多这样的人，如果不是经常见面，问候就要小心，一句"还好吗"，都会被认为是嘲笑，哪壶不开提哪壶。

女人心软，这一生难免遭遇更深、更直接的"伤害"，从可爱到不可爱，突变也就更大。

像卖毛巾的她，即便生意到手，也没有力气再牵强一笑。

——你我一定都有过心事重重、化解不开的时候，连呼吸的空气都是酸凉苦涩的。自己不喜欢自己，也不想解释，谁也帮不了你，只愿能自力挺过去。

内心不安宁的女人，怎么可爱得起?

我们应该体谅她，正如有时也需要别人体谅自己一样。

重新爱自己

——爱自己的一切，包括那些布满阴影的过去

一个女友，两三年的时间里，因着境遇的变化，说出意思完全相反的话来。

几年前，她遭遇了人生的低潮，困窘接踵而来：相爱多年的男友，背弃情感；工作不顺心，离职去了异乡；父亲癌症去世；感情甚佳的哥哥，被人骗去大笔钱财……

一时间，她觉得世界黑暗，无力挣扎。谈起身边的人，也是怨言多多。

她这样说自己的父母：他们给我留下太多创伤，很多问题，都是早年积压下来的。比方缺乏勇气，缺乏创造性，不敢坚持自己的想法，就和童年教育大有关系。

她这样说周围的朋友：能理解自己的人越来越少了。有什么难题，只能咬着牙，靠自己尽力挺过去。

她这样说分了手的男友：他和另一个女人都开始同居了，却还欺骗我说爱我。真是无法理解，竟觉得像面对陌生人。不知道自己以后还会重新爱上谁、相信谁、全身心地投靠谁吗？

她这样说总找她茬儿的上司：心胸狭窄，情绪无常。

她这样说隔壁办公室的女同事：总喜欢打听别人的私事，无聊

庸俗。

她这样说街头不认识的陌生人：何以看我一眼，又看我一眼？

……

但几年后，说起同样的人和事，却已是完全不同的内容。

说自己的父母：感谢他们对我的教育。年幼时的告诫、训示，让我面对困境时，能有一个缓冲的阶段，不会在冲动之中做更多的傻事。

说周围的朋友：虽然他们没有帮我解决过什么具体的问题，但聆听、分享、鼓励……甚至一顿饭，一个眼神，一条短信，都能让我感受到他们在我的身边，已在帮我。

说分了手的男友：周旋在两个女人中间的男人，心会多么不平静啊。祝福他能平安、幸福吧。

说找茬儿的上司：他那时其实并不容易，刚离婚不久，很痛苦，哪里会有心情去理解下属的苦处呢？

说隔壁办公室的女同事：爱八卦的女人，只因缺乏安全感吧？

说街头不认识的陌生人：每个人都不容易。

……

如果说，对相同的人事，能讲出完全不同的心境，是因为她终于走出了困境的话，那么更重要的区别还在于，几年前，陷入痛苦中的她，在一心想放弃自己时，是完全不喜欢自己、不爱自己的，那时的她认为自己失败、软弱、无能、倒霉，一无所长。

而几年后，在疗伤的过程中，她渐渐摆脱了恐惧、无助、怨恨、悲伤、自卑、孤独，敢于面对不足与伤痛，找到了继续前行的勇气和信心，也就再一次喜欢、爱上了自己。

一个重新爱上了自己的女人，会将身边所有的人，即便是那些曾经伤害过她的、让她无所适从、使她失望痛苦、令她不能理解的人与事，都当做塑造她的力量。

这是多么奇妙的一个变化啊。

现在的她，爱自己，不仅是爱光鲜精致、乐意展现于人前的部分，也深爱自己人性中布满阴影的部分。

这，是更高品质的爱。

人生，都有"艰难"这个副产品，却也有时间这服良药。将不幸变成有幸，是生活给我们最好的礼物。

爱的胃口

——失去动力比失去拥有的爱更可怕

两个人的世界里，荷尔蒙是很重要的组成部分。如果一对男女，没有把自己交给欲望的时候，灵魂出不了窍，就很可能总是充满着算计和赢利。可是全靠荷尔蒙撑着，这份感情，也是极其危险的。

因为荷尔蒙它不管爱情的另一些组成部分：责任、牺牲、温暖、承担……但爱一个人，这些东西，却又是万万不能缺失的。

我们常见这样的男女，仅仅因为身体的欲望，或是难以抵挡一个人的寂寞，明知对方不能靠近，明明知道对方人品有问题，甚至在对方给自己造成过不止一次伤害的情况下，还是会忍不住地，吸毒一般地，一次次地和他纠缠，甚至后悔和发疯，也无济于事，这

样的故事，这样的女人，生活中并不少见。

虽然对方问题多多，但并不能说，他也全无是处，之所以保持的时间会这么长，至少说明非正常的男女情感也是有吸引力的。

它因为更关注身体的那部分，不考虑现实因素，所以会让知觉的部分，无限放大，而自觉的那部分，则无限缩小。只要知觉不成长为自觉，她和他，也就永远可以躺在生物性和灵性中间。

知觉这个东西多好啊，它不负担柴米油盐，也不用管房租水电，更别提结婚买房。知觉是自由的，而自觉则是沉重的。

知觉可以撒野，可以跟着欲望到处溜达，自觉却不可以，它睁着眼睛，总是把自己把他人看得一清二楚。当一个人没法自觉时，当然只能迎合知觉，可是自觉，终不能说扔就能扔掉的，它才是生命的主体，所以才会一旦恢复意识，难免看穿这段感情的欺骗性和两面性。

一个不靠谱的男人，是否值得去爱，或是不爱，他是坏人，或者不是坏人，其实都并不重要。他到底是不是垃圾，或者是不是脚踏两只船的高手，也并不重要。重要的是，这样的过程中，会为女人带来什么。

见过好吃的人吗？因为喜欢吃，就会不停地去吃，吃出一身的毛病，也不肯停下来。于是有一天，有人用痰盂装上他爱吃的东西，端到他的面前，希望用这样的方式，来损害他的胃口，从此让他不再贪吃。

沉溺于一段不正当的情感，备受折磨，却无力自拔，就很像是被人用痰盂装了好吃的端上来。爱情是种美好的感觉，它需要阳光，需要雨露，还需要栽培，只有小心烹饪，耐心咀嚼，才能尝到其中的美味。

可是这个品尝的过程，一旦被糟蹋了，受到毁坏的不仅是食物的味道，还有品尝美食的能力。从此以后，面对满桌的美味佳肴，却激发不起任何的食欲。这样的感觉，定会生不如死吧。

这是多么可怕的事情啊，比起没有爱情、没有欲望、没有他人的关心来，失去爱或被爱的能力，毁掉一个人爱的胃口，只会更加可怕。

人生漫长，还有很多美好的感情，等待着我们。为什么要让这样的人，这样的事，毁掉自己的胃口呢？

吃点爱情的苦

——与其抱着一颗自责的心，不如爬出井底

看南非作家库切的小说《耻》，有一段情节，让人印象深刻。一个相貌丑陋、年龄又大的乡村女兽医，渴望着能有一个情人，在首都来的教授面前，她用一种近乎笨拙粗俗、毫无情致的方式，满足了自己想象中的爱情。

虽然，我们都喜欢光明芬芳水到渠成的爱情，但有时候，却是这种看起来阴暗、挣扎、破旧，甚至散发着异味的爱情，令人陡然心痛，甚至落泪。因为，它是如此接近于人心的真相，接近那些在爱中也无法逃避的孤独、不解和粗粝。

悲凉绝望中对爱的期待和消损，对女人来说，往往是最端丽妖

娆的火焰，强行熄灭它的瞬间，会带来时间难以滋润的干涩和痛楚。

她在国外读书，和一个自私又冷漠的男人在一起。他从她那里借了不少钱，她出去打工，节衣缩食，他却用她的钱，旅行，打游戏。

流产的时候，她已荷包空空，不指望他还给她钱，只希望他能拿出这小小的一笔费用来。他不肯，不告而别，就此失踪。

身体的痛，加上灵魂的痛，让她如坠谷底，几乎没有勇气重新开始学习和生活。

她自责，恨自己软弱无知，识人愚蠢。

我却在她血淋淋的伤痛中，看到她生命的另一层契机。

生命里的中规中矩，只给我们提供了一个四壁光滑的井。我们可以坐在里面，并且看到外面的不大不小的天空，但要有所作为，如果没有那些肮脏可疑的苔藓，攀爬上去几乎是不可能的。而且别说攀爬，其实只能一味下坠。

所以，往往是爱情中最不怕吃苦头的那些人，才能比别人看到更多的风景。

女人该以什么样的姿态来面对情感的伤痛？

男人是不是专门欺负只爱他人不爱他钱的女人？

如果这真的就是规律，是逃避不掉的情爱大法，那么，聪明自控到不对命运去做无谓的对抗，至少有助于下一次犯同样的错时，不会再那么痛。

因为我们知道，一来，人的本性难改，做人大度的，怎么都计较不出口；二来，女人总是要在同样的地方跌第二次、第三次跤的。

没办法。

撇开这个人、这段情，不去做任何计较，看起来像是软弱或逃避，但能真正做到时，内核却需要常人没有的坚强。

与其抱着一颗受伤的心自责自痛，不如换做攀升井壁的一次机会好了。

痴情还是知趣

——失去自我，就会被人牵着鼻子走

在男人心中，既痴情又知趣的女人，才是理想的情人。痴情，让他得到了爱。知趣，让他得到了自由。但在罗敷有夫、得陇望蜀的男人心中，小三的知趣，则比痴情更为重要。

为什么？还用说？

25岁的女孩，认识了一个有妇之夫，热恋半年后，二人的感情渐渐转冷。男人不怎么搭理她了，也不再接她电话。她自然想不明白，某夜，借着酒劲，疯打他的电话。他依然不理睬，忍无可忍之际，她做了一桩蠢事，跑到男人的小区，对着男人的车连踢带踩。结果呢，男人冲出来，竟将她当小偷痛打了一顿。

以为自己伤心寻觅，死缠烂打，是痴情，其实呢，忘记了身份，是太不知趣。

又不是和毛头小男生谈恋爱，爱上了谁，或是被人爱上了，就可以理所当然地在他面前发脾气，反正怎么着，他都会哄着你，爱着你。

　　小三哪里有这个特权，新鲜时还凑合，保鲜期一过，遭到冷处理，就算很文明的方法了。可她却非要做那个讨打的人，不管别人是否方便，也要电话一遍遍骚扰，还跑去人家家门口撒泼。已婚人士，谁会有那样的耐心，人家只是打点野食换换口味，又不是为了找个祖宗来供着。

　　不搭理，也不接她的电话，就是嫌烦了。别以为 25 岁就能怎么样，这么好的年龄，却搭个有夫之妇，就跟街上免费发东西的一样。

　　最可怕的是，发东西的人都一样，等对方一收下，就开始没完没了地缠着让人家埋单。见过有谁不绕着发东西的走吗？他开始躲了，说明就对了。

　　无论成功，还是失败，情场最让人难堪的，都是苦苦挣扎的这一阶段。这和人生的道理大相径庭，你看即便是成功人士，被人问起成功的过程，也大多轻轻带过：“我只是运气太好。”

　　又有几人会捶胸顿足，四处通告：“我成功只因我死死纠缠努力不休。”

　　大多数人，甚至都不愿意承认自己已经成功呢，只因明白其中苦楚辛酸实在太多。

　　能将情感之事，归功到运气二字的，就是懂得了什么是知趣的女子。

　　女人一旦知趣了，也就明白了从容潇洒是什么。

　　一切都已过去，结局日渐明了，又纠缠做甚？咬牙切齿、大汗淋漓、险象环生、不顾脸面，凡此种种，都够难为情的，如果他的同事、她的朋友问起来，大可以微笑而雍容地将所有的理由推给运气。

运气不好、没有那命、有缘无分……随便一个词，都非常地好用。

最要不得的，就是闹痴情。人痴情，都是有所图。执著、投入、追求完美，哗，脸上的雀斑皱纹都不能杜绝，还完美什么呀！

如陷对方于险地，自己也只能跟着下泥塘。拿了绳子去拴他，另一头在他手里，他走投无路，必定奋力抵抗，到时胜利的，未必会是她。

做人家夫妻之间的插曲，本来就是去冒险。白白消耗掉青春时间和精力，即便纠缠大半生，赢了比输了还要惨——哈，终于有工夫看仔细看清楚那件货色了，真的就是你想要的？

世上没有任何一个人，会值得如此费力地拥有吧。日后有点风吹草动、不合心意，怕又要后悔捶胸，哭哭啼啼：倒贴一百万，也不要。

女人不难做

——不抱怨，努力向上的女人才平静

生活中常听到有女人抱怨，做女人很吃亏，投胎女儿身，一开始就错了。尤其结婚，非常消耗人，生孩子带孩子，家务越来越多，做饭洗衣拖地，日复一日，没有任何变化，连心情都没有任何变化，夫妻感情越来越淡。几乎已经可以看到未来的样子：等孩子长大，他再结婚，她做奶奶，带孙子，帮他做饭洗衣拖地，又是日复一日……

同样，身为女人，看到女人发泄做女人难的牢骚，真是难过。

时代变化这么多，早已没有人要求女人非得出嫁、做家务、生孩子、带孙子、操心、勤俭、苛刻自己……

放眼望去，活得精彩潇洒的女性大有人在，赚大钱、做高官、周游世界、男宠无数、穿着精致，因为可化妆打扮，受人羡慕忌妒喜爱，很多女人逢人便说：下辈子还要做女人。

甚至不少男人，也欣然变性。

做人有没有意思，并不在于性别。

有大把怨气的男人，一样不少：工作累死累活，有泪不能掉，生活压力大，没钱屁也不是，个子太矮情感不顺，生个女儿就对不起父母，兄弟姐妹都要操心，明明是真感情却被骂做是花心，有点抽烟喝酒的小爱好，却处处遭受白眼……

女人怨言多多，社会并不谴责，男人啰里啰唆，还要被人嘲笑。所以真要说活着不易，应该是男人。

生活得好，或是不好，统统在于自己的感觉。要是因为结婚，才越发觉得女人不幸，那么需要检讨的也是婚姻，而不是性别。

是否对方不够体贴，或交流不顺？是否自己对婚姻生活准备不够充分，以至觉得无力承担？是否工作动力不足，家庭又觉平淡，影响到生活热情，最后只好归罪于身为女人？

已经成年，还在为性别而遗憾和不满，是否有点太天真无邪、不谙世事了？

无论男女，来到人世，不过是为了完成自己不同的使命而已。高兴了多做点，不高兴就少做或不做。三十多年前，女性就已登上了珠峰，若是真想要胸怀天下，谁也阻拦不了。

　　如此自怨自艾自卑自轻自贱，还有什么自尊可言，一定会自作自受，终日郁郁寡欢。

　　天天怨声载道，毫无创意，必然被周围之人厌憎，做事做人只会越发难，造成恶性循环，日子更加艰难。

　　我们当别人的老婆，做别人的母亲，是因为喜欢当，老实说，不让当，还会有点不舒服。做老婆，做母亲，以至做奶奶，都是世上乐趣之一，纵使天分有限，做不好，可还是有乐趣在里面。否则何必一做这么多年？

　　清平世界，自由社会，人人都是自己的主人，做女人做得如此怨尽怨绝，大可转行，另谋高就，或变性做男人，或离开家庭，进山去做尼姑……路还是有很多，只要不犯法，哪种选择都能心安理得。

　　若无能力找到更令人开心的生活，则应庆幸还有家可以回，还有老公孩子可以抱怨，不如高高兴兴，敬业乐业。

　　有很多女人，虽然各人行事风格不同，可对做女儿、做老婆、做母亲、做明星、做工人、做农民、做老师，都很热衷，绝不抱怨怀才不遇，只懂孜孜不倦，努力向上。这样的女人，是我们的榜样。

女人爱偏方

——爱情中的迷信，归根到底是为求被爱

　　大部分女人，都会喜欢偏方。很多书籍文章，都在告诉女人用什么偏方，除了治病，更多会运用在减肥、美容、算命，甚至教子、

驯夫等上面。

偏方多来自古今中外的宫廷里，怕失宠的女人们，会想尽办法寻找秘方，让自己更美、更瘦、更有魅惑力。

在很多年里，毒药和春药，都是女人独爱的两大偏方。

法国历史上神秘的"铁面人"，就和国王情妇的偏方有关。据说，那是个贡献过秘方的人，却因为了解皇室内幕过多，深陷牢狱，还被套上铁质面具。不知道这是否也算监牢里的独门偏方？

到了现代，资讯发达，女人的偏方也更五花八门。每个人，都或多或少听过一些匪夷所思的偏方吧？

肥皂水、尿液、蛇血、辣椒水、避孕药，越恐怖效果就越好。肥皂水润肠，尿液解毒，蛇血化淤，辣椒水去脂，避孕药止痘。

它们的流传都有理直气壮的理由，反正喜欢美容减肥的女人，生生不息。

还有什么猪尾巴治流口水，蛇皮炒鸡蛋治夜游。这都算民间药方，更有趣的是吃喝之外的情感偏方，在情人节的那个月里，还会特别盛行。

增进姻缘：一张喜帖及一张红纸，先用红纸将喜帖中他人的姓名地址贴盖掉，在红纸上写下自己的姓名及出生年月日，并写下"婚姻急至"，将喜帖放置枕头下十二天，十二天后在清晨六点到户外挖一个洞，向上天祈求天赐良缘，再火化埋入土中即可。

求婚：将一朵红色的玫瑰花，花瓣全部摘下，放进一个透明的玻璃杯中，在杯中加满水，放在阳光下晒一天，一天后，将花瓣拿出洗净，泡成一杯玫瑰花茶，自喝下一半，半杯给心仪的对象喝下，不用多久，心仪的另一半就会向你求婚了！

　　苦恋开花：挑七个又红又熟的桑果放入红包袋内，如法炮制准备两份，男女一人一份，在晚上八点整，在各自庭院，埋入土里，并在上面用力踏七下，若无庭院就埋在盆景里，最后祈求两人关系越陷越深，就会赢得双方家长的同意，获得世人的祝福。

　　……

　　这么多事儿，还真有趣儿。

　　年轻女性尤其容易相信这些东西，仔细抄下来，日复一日，做得也很认真。

　　以至催生了类似的职业，在情人节的那个月，设在大卖场入口处，大红色的标幅，主持多是目光炯炯的中年女人，有的还穿着白大褂。

　　男人除了招财和壮阳时会相信偏方外，似乎很少会相信情感上的这类方子。

　　将对方指甲、头发、内衣一角，包在胸口，因为远古，变成了迷信，都不如加点现代元素的偏方来得更真实。比方年轻女孩中流行的健康贴，不知道什么样的树汁，加上各种奇怪石料的粉末，睡前贴脚底，第二天就能精神奕奕，重要的是可以瘦身。

　　女人的偏方，古往今来，实质性的变化并不太大。求美丽、求爱情长久、求幸运，归根结底，只是为了能够求得被爱。

　　无论减肥、美容、开运，什么样的偏方女人都会信。正如男人对女人的偏方是，只要说"我想你"，女人十有八九就会晕菜。

　　不管是真是假，有用没用，毫无例外，相信了先。

闲情太多的女人们

——激情过后，伤害了别人也砸中自己

发生在某女身上的故事，还真是有点令人哭笑不得。第三者告诉她说，她和她的丈夫什么关系也没有，甚至连熟人都算不上，她只希望他们能好好生活。可是第二天，却又给她丈夫写长篇情书，全是海誓山盟的文艺腔。

有些人，好像真的分不清台词和真心话的区别在哪里。明明就是婚外恋，而且最好能轰轰烈烈、激情澎湃，可却不肯承认是在轧姘头，也不认为是地下情，甚至连要好的朋友也不敢明确告之，为什么会这样？

人和人之间，难道不是所有的关系，都可以用词语来形容的吗？同事、同学、亲戚、朋友、熟人、路人、情人、爱人、小蜜、二奶、小三……天下有这么多好用的现成的词儿，为什么偏偏他们的关系，是无法命名的？

这样刻意地回避，应该是有原因的吧。只要不为感受命名，所有的拥抱、亲吻、想念、调情、眼泪，甚至情话儿，都可以不用任何名义去认领，也才可以继续在无命名的状态下蒙混。

等以后感情渐渐平淡，没什么咂摸的滋味了，她才可以对这些感受，无论是生理还是心理的，都一赖了之。

此类女人，生活中，并不少见。而且日子还过得都比较舒服，不需要焦头烂额地考虑这考虑那了，既然时间富裕，生活无忧，精力还很旺盛，那么亲爱的，让我们无风起点浪吧。

是的，一个拥有太多闲情的女人，常常是危险的。对这样的人来说，制造折磨和接受折磨，都是一种享受。她们甚至乐意把前生后世的折磨也提前到今天来享受。

要么搞点暗恋、来点畸恋，要么就弄点不能见光的恋情，或者来点多角恋也不错。旧情人，得被唤醒；逝去的爱，得重新回味；即便是擦肩而过，也擦点火花出来好了。

有这么一些持久而慢性的折磨，才能使她们青春永驻，才能让平凡普通的自己，翩翩起舞，脱壳化蝶。

这是一群自私的家伙。她们以为自己的感情很浪漫、很另类、很不同凡响，其实不过是在仿效。从古到今，有一大堆不靠谱的男男女女供她们仿效，这一大串人都摆出痴情的姿势，读着同一句潜台词。这句潜台词源于李商隐的那句著名的词："此情可待成追忆，只是当时已惘然。"

她自以为聪明地操纵着一切，一手做出撇清的姿势，一手紧挽爱慕者的胳膊。这样的动作该多么优雅啊，她可能也是知道的吧。至少比起急吵吵的老婆来，要从容多了，是不是？

看起来不过是她闲情大发，可损害的却可能是另一个女人。他们的快乐中不会包括那个女人，可最后的危险和痛苦，却必将她包括其中。

小三也有苦衷

——玩火的女人，更需要理性

某位影视佳人 S，做小三很多年。看到李嘉欣结婚，感到很受鼓舞。

这次遇到一个出轨男子，大她很多，是个多金男。两人是相爱的，这点 S 佳人很有把握，但因为岁数渐大，危机感益重，所以很想结婚。

S 很漂亮，压力也大，熬了这么多年，一直追求风光无限，所以嫁个好男人，不仅是自己的要求，也是众目睽睽的一种期待。

这位佳人的计划是，这一年之内，将自己嫁掉。显然目前除了多金男，没有第二人选。

如果硬要说对错，错也在他。毕竟 S 佳人是自由身，爱谁都有权利。男人跟她纠缠三年多，让她对爱情有了憧憬，说走就走，是说不过去的。

但是这样的话，多金男不喜欢听。而且觉得她是无理取闹，他只说两情相悦，不说天长地久。S 佳人威胁说，要去找别的男人，这个男人又不许，唉声叹气，哭哭闹闹，好像她在逼他去死。

做小三，在别人看来，无脑也无德，但谁知道其中的辛酸、艰难、勇气和决心呢？这是一项充满风险、很可能血本无归的投资，并不是哪个女人都能玩得起，也玩得好的。

所以S佳人才说，她也付出了很多。有付出，就该有回报。

可是，我们熟知的"嘉亨恋"的故事，据说是这样八卦的：

许晋亨作为富家子弟，一直有捧戏子的陋习，他曾经和他差不多岁数的很多当红女演员，都有过一两腿。

很多女星还曾为他做过傻事——嗨，谁这辈子又没做过几件傻事呢。总之，在许氏家族里，许晋亨基本没什么话语权，他什么业务都做不了，只好靠家族基金过日子。

虽然和赌王的女儿门当户对结了婚，但很快，就不被赌王一家所看好。何况许晋亨的前妻，是才貌俱佳的女强人，管理着家族的大笔生意，自家条件很好，找到这样一个银样镴枪头的男人，多少有些泄气。最开始，她是想主动离婚的，但两家关系甚好，而且老人观念传统，无法接受女人休夫的事实。

在这样的情况下，有人就说，"嘉亨恋"其实有许多商业因素，为了利益，让李嘉欣与许晋亨结合。

对李嘉欣来说，嫁一个富家子弟，是她的人生理想。瘦死的骆驼比马大，即便许晋亨自己没有产业，得靠家族基金过生活，但结婚时，许家也得拿出一亿来操办。

她并不在乎许晋亨能干不能干，各取所需嘛。

既然对"嘉亨恋"这么有兴趣，也许对S佳人来说，能有所启发？当然，最重要的还是要打动男人的心，毕竟强扭的瓜不甜。

对一个追求风光无限的美女来说，爱情就是爱强者、爱成功者，爱情的每一个毛孔，都流淌着浓浓的势利眼的味儿。"付出了，就得有回报"，这可是经济社会的铁杆定律呀，没错！但此定律，却并不能放之四海而皆准。想想他老婆吧，闭门家中坐，侮辱天上来，

难道她不曾比她付出得更多？

唉，这份冤屈，非得等到五年后，佳人年老色衰，他却破了产，她才会明白吧。

都会繁华二十年，的确发了一票女子，傍依男人，锦衣美食，若有足够头脑，还可以在三十岁之前上岸晒太阳。当然，也有无数沉沦溺毙者，成为冤魂，难以超生。

没有个性的，如何敢做小三，既然有个性，当然就要要个性。小三为自己的付出喊冤，替天下所有的第三者鸣不平，让我说没错，可能有点不拿读者当回事，说错了，又有什么意思？

对一个玩火者来说，你是该夸她无所畏惧呢，还是骂她肆无忌惮？并不是所有的勇敢都值得称颂，正如不是所有的自信都令人赏心悦目，比如芙蓉姐姐。

至于男人为什么不放她走，可能谁也不大明白，又不是炒房，留着还能牟取暴利？他这么吃着碗里看着锅里，又累又烦又花钱，而且所囤之物，只会贬值，难道多金男疯了么？当然不是，男人，心里贪欲更大。

多做面膜少上网

——好好培养现实感情，网络的爱情终究是虚的

现在网络发达，在网上能买到任何东西，很多人还在网上买房、买家具，更吓人的是在网上"买"老公，然后和另一个人建立一个

家庭。就像现实生活中一样，一个男人，一个女人，如果愿意，还可以生一个孩子出来，每天的生活内容，和现实也是完全一样的。

这就是一些人热衷的"网恋、网婚"，开心网里可能最流行。

男方"买"的是一幢别墅，五个卧室，一个书房，一个玩具房，三个洗手间，有花园，还有储藏室。"房间"里布置得也很舒适，又有品味。他邀请小羽做女主人，看在房子那么漂亮的分上，她答应了。

领结婚证，宣誓，举行婚礼。所有的一切，都很有趣。"结婚"后，两人就开始了正式的"夫妻"生活。

他懂的东西很多，天南地北，总能说到她的心坎上。

小羽说，自己是个大美女，虽然已经三十岁了，但相貌还是很年轻。而且学历颇高，能力很强，在一家大型外企做事，是标准的甲女。只因早年读书和职场拼搏，耽误了婚事，现在很希望能安定下来。

身边也有一个男友，七零后的，大她好多岁，条件不错，但人比较闷，也没有热情，宛如鸡肋，俩人不干不湿耗了一年多了，谁也不说结婚的话。

直到她遇见了这个网婚对象，才觉得自己有了生命的热情。男人很大男人气，恭维话也说得特别好。"办婚礼"的时候，将各自的相片都发上了网，有很多网友都来观看，并且说他们是郎才女貌，非常配对。

三个月后，两人见了面。

聊天，吃饭，甚至亲吻，什么都很好。可他送小羽到酒店门口后，却突然站住了，说不进去了。

后来发来短信，说自己有脚气，怕传染到她。

　　真是一个脑残到家的理由，小羽认为，男人肯定是事到临头胆怯了，感觉自己配不上她，吓着了。从那以后，男人从网上也消失了。

　　小羽说，自己又美又有本事，按理说，只有她甩他的道理，为什么偏偏那个男人却会避之不及呢？

　　现实中，不知小羽长什么样，但在网络上，长得貌美如花，或是比小羽还有能力的女人，还真是比比皆是。

　　但这并不说明，她们在生活中也同样拥有美貌、智慧和事业。事实上，许多网络美女，都过着极其普通甚至狼狈不堪的生活，因为玩得太兴奋，没有时间好好工作或学习，还会入不敷出，骗东骗西呢。

　　网络上，只有偶然性，没有什么必然性。长得漂亮，或是勇于网婚并且生子，可能被人求婚的概率比较高，进入五个虚拟卧室的机会，也比较大。但是，这一切，并不意味着现实的必然性。

　　小羽的这场网婚，之所以会见光死，正说明了其现实支点不够靠谱。

　　不过是些网上登徒子的恭维话，还有天南地北的瞎侃，她就建构了一个庞大久远的未来。再然后，竟觉得这份虚拟的未来，也无法满足现实的选择了，竟兴师动众地要来个你死我活。

　　说实话，可能很多人，听到这样的故事，只好和参加她婚礼的那些网友一样，喃喃地说好呀好呀好好好，这个故事，实在是好，和大家的白日梦一样好，可惜不真实。

　　过度着墨于自己的外貌或是能力，本身就是件幼稚的事情。何况，这样的炫耀，还是在网络世界里，现实生活中，美貌也不过是三五年的事情，而且强中自有强中手，总这么吵吵，除了引起别人反感，当真以为还能剩下爱情？

反感的人，只会在心里偷着笑，但恭维的人，则会一走了之，因为他会觉得不值得，对一个头脑不清、自我感觉又太好的女人，再恭维下去，只是浪费时间。还不如拿脚气当借口，一走了之呢。

不能用虚拟来构建现实，也不要把一款游戏，上升到结婚的地步。人最重要的，是把当前的生活过好，既然想结婚，就和现实中的男友，好好培养感情；如果想继续做甲女，就投入时间，好好工作和学习；如果想把美貌保持的时间长一点，那就晚上早点歇息，多做面膜少上网。

肮脏的秘密

——有阴暗面，也是生活的真实

美剧《绝望的主妇》里，有句著名的宣传词："每个人都有点肮脏的秘密。"还真对。

是的，每个人都有，而不是有些人有，有些人没有，肥的有，瘦的没有，肤色白的有，色素沉着的没有，男人有，女人没有。

所谓"肮脏的秘密"，说穿了，就是那些不为人知的秘密：爱上了错误的人，遭遇了难以启齿的伤害，进入了一段黑暗的关系，做了常人不能理解的选择……种种种种，绝非文艺剧的煽情说法，它只是道出了人类的现实。

可是她却说，自己光明磊落，眼里揉不得沙子。身为一面亮堂堂的照妖镜，必要照得坏人无处藏身。

她说的坏人，是失业在家多日的丈夫，突然有天拿钱回来，但她发现，他竟然打着恋爱的幌子，在外面骗单身女人，不止一个。钱是她们给他的。

这真是惊天秘密，甚至可以说是晴空霹雳。丈夫从半年前的大好人，变成了令人不齿的坏蛋，还有什么事会比这更龌龊的吗？

可是他说，他骗的钱，都给了她和孩子，而且她经常唠叨，才让他生出此念。还有，那些女人，都是自觉自愿给他钱的，并非是他处心积虑、强取豪夺。

所有这些，真令人难堪。

他到底是不是一个坏人，婚姻生活中出现了难以启齿的污点，还要不要继续下去？

把丈夫归类于一个坏人，或是把自己归类于一个好人，这样的分类方法，很简单，也很方便，可那会不会是一种刻意？

要知道，不管是彻底的好人，还是彻底的坏人，其实都缺乏真实感，不生动、不鲜活、不可爱、不自在，要么挂在墙上，受人瞻仰，要么扫进阴沟，被人唾弃。

玻璃非得有点脏，才能看出它是块玻璃；笑容非得有点含蓄，才能看出它的真诚；一个人，非得有那么一点大家都有的软弱，那么一点谁都会有的懒惰，甚至还有那么一点颓废、无耻，才会让人觉得自然亲切。

至于人生，非得有些迷茫、有些绝望、有些不尽如人意、有些鸡同鸭讲，才会有重量，如果再有点肮脏的小秘密，那就更有质感啦。

只有质感，才能体现活着的意义——有痛，有恨，有笑，有不顺利，有咬牙切齿，有喜极而泣。

然后也才能理直气壮地对别人说：他妈的，这就是生活。

婚姻家庭，毕竟不是政治选举，要求立场鲜明，非此即彼。夫妻之间的牵念、了解、怜惜甚或恩情，哪里能用二分法，就一刀两断的？

而且，丈夫有了这么一段经历，她的人生，其实也就有了那么一点肮脏的秘密。

当真以为忙不迭地将他变成前夫，就能一笔勾销；只要离婚，就还能如水晶一般剔透？

他走到今天这一步，她并非没有一点责任。阴影已在，非得经过漫长的黑夜，等待太阳重新升起。

其实，除了离婚，还可以这样选择：

跟丈夫一起去向那些女人道歉，并且将钱还给人家。

克服焦虑，调整心态。积极乐观的生活态度，比起小小的失业来，更为重要。

小三后遗症

—— 缺乏信心，就走不出曾经的阴影

33岁的罗雀，一年来一直在相亲，各种类型的对象都有。她外表还算漂亮年轻，工作也不错，收入可观，年轻时有过娇骄二气，但现在已很谦虚谨慎了。

总之，她想 35 岁前将婚姻问题解决了。只要人看得过去，性格平和，有一份差不多的工作，就行了。为了给对方留下好印象，每次约会，她都会尽量做甜美天真状，如同《灰姑娘》里削掉脚后跟、硬穿水晶鞋的女子。可结果呢，多杳无音讯，一个个令她失望。

罗雀不知问题出在了哪里。岁数？可跟她约会的，多是比她大的男人，还有二婚的呢，怎么就轮到他们嫌弃她了呢？

是她为人的问题？大学毕业十年，挣扎做到今天的位置，应该也能说明一些问题吧。

今天这个结局，是否和曾经的经历有关？

她做过七年的"小三"。对方是刚参加工作时认识的一个客户。有两年的时间，她相信他是真爱她的，闹过离婚，还辞了职。

第三年，他累了，加上孩子慢慢懂事，他开始应付罗雀。他给她租了套房，回公司继续做老总。这中间她发现他又有了别的女人，乱哄哄一大堆事，不清楚自己算他的什么。她不再指望他会离婚娶她，但一直幻想他能给她一笔钱。

结果是没有，什么都没有。而且，这段感情，让罗雀陷入极度自卑之中。她没有胆再去找同龄的男人，总觉得自己比他们要脏。对那个男人的三心二意，又不能干涉——她算哪根葱，轮到她不满？

最后两年，两人仅仅维持一个空头关系，会有电话，一年做爱三两次。罗雀渐将精力全部放在工作上。直到三十岁，做到了比较高的职位，才终于有力量彻底挣脱这段关系。

她不再怨那个男人，也不怎么在乎他了。只是心痛自己，回望来路，没有任何能说服自己的理由。七年时间，暗无天日，她怎么能这样伤害自己？

罗雀的故事，让人想起一句歌词，"伤心总是难免的"。

有痛才正常，毕竟，七年的日日夜夜，不是小数目，比起她想从那个男人身上要的那笔钱，还要多很多。

因为相亲不顺，记忆转向过去，想从以往岁月中，寻找到今天的答案，没错，人都有这样的过程。只是，沉浸其中，埋怨当初，就是逃避新生活的借口了。

为什么不能当做谈了七年失败的恋爱呢。看看周围的女人，不外三种出路：要么结婚，要么离婚，要么正在修复一段破碎的感情。

她的故事，并没有什么特别之处，无需用结局来否定过程，让自己的悲惨更上层楼。

所有的旧爱，都是岁月的副产品，不值得再去深加工。否则还能怎样，难道要一日为"三"，终身做"三"吗？

尽快调整好状态，走出七年阴影，才是当务之急。对罗雀来说，相亲还不忘削脚跟、穿小鞋，分明已是落下了"小三后遗症"：

缺乏信心，不觉得自己值得被人爱，一旦有人示好，就产生管他已婚未婚，有总比没有要好的心理；严重自怜，习惯用"可怜"、"委屈"、"牺牲"的情妇心态，来换取对方的爱情。

其实，无论职场、情场，小鞋情结都要不得。是什么就是什么，何必故作天真甜美，装嫩发嗲，讨得对方欢心？既然约会的男人都比自己大，有的甚至是二婚，哪个不是火眼金睛的老江湖，当真以为能骗得过他们？

人不怕犯错，怕的是错过之后不感悟——凭什么"长相看得过去，性格平和，有一份差不多的工作，就行了"呢？

又不是那什么，摸个有髯子的就能上床；做饭没有胡椒粉，就

用头皮屑来代替——抱着将就的心理，约会时再装清纯，落在对方眼里的，还不全是脆弱？

都老大不小了，谁还有心情，陪人修修补补啊。

没有人说结婚就代表从此幸福，也没人说美好的爱情就是灵魂的出口。只能说有了爱情和婚姻，可能是一个好的开始。

当一个女人，对爱情的渴望不再那么急切、那么深重，转而对健康成熟的自我怀有更多的期待与向往时，丰富瑰丽的春天，也就不远了。

黄脸婆到底有多黄

—— 容貌不是罪过，是给自己开溜的借口而已

黄脸婆到底有多黄？

某男抱怨，结婚后老婆变成了黄脸婆，不事打扮，身材发福，谈生意做应酬，实在拿不出手，于是避之不及，坚决要求离婚。

其实，还是人们常说的那句话吧：一有钱，就变心。

又不是结婚前不知道对方就是一个黄脸婆的坯子。相貌性格都很普通，对穿衣打扮毫无兴趣，怎指望半老徐娘，突然变得性感靓丽？

说她脸黄、不懂风情，不过是给自己正在热火头上的外遇找的一个借口罢了。

随着年龄的增长，男人看女人的眼光也会发生变化，脸蛋变成了气质，腰身变成了屁股，这本来没有什么，因为女人的眼光也一直在变，说不定她还觉得他谈吐粗俗、行为不端，挣点小钱，就不知道天高地厚了呢。既比不上某朋友有留学背景、能赚钱又有情趣的老公，也比不上某同学有实权的小科长丈夫，虽然收入不多，可进出有车，天天下馆子，工资基本不用，全部存进银行。

可是她也没有拿这些个男人来对照他，天天聒噪他，数落他，鄙视他。

有点变化并不可怕，可怕的是当事人竟完全忘记了，对方现在的不堪入目，正是当初愿娶她的优良品德。

因为她普通、节俭、物质欲望不高，绝对不可能要求买钻戒、买貂皮大衣，对于穷小子的他来说，丝毫没有心理压力，才乐颠颠地与之谈恋爱，而且对她肯不要一分钱就嫁给自己，更是感激不尽。

为什么，当初吸引他的那些原因，现在却成了嫌弃她的理由呢？

会不会，现在的小情人，那些颇感兴趣的优点，也会在某一天，变成她不可饶恕的缺点呢？

假如，现在她左右逢源，长袖善舞，等分了手，就成了口蜜腹剑、心机太重。

假如，现在她时髦光鲜，楚楚动人，等分了手，就成了卖弄风骚、虚荣奢侈。

一个人的优点和缺点，正如一枚硬币的正反两面，不过扔下去，看你所选的是哪一面而已。

黄脸婆现在抠门吝啬，等过几年，他生意不顺——这世上，谁

不是起起落落的呢——她就成了理财先锋。而小情人讲究生活质量，等他岁数渐大，渴望自由自在时，她就成了矫情和可笑。

当年欣赏的，现在可能嫌弃；现在欣赏的，以后也会嫌弃。

黄脸婆儿黄又黄，不过是欲加之罪何患无辞罢了。

小小丸子头

—— 不要对女儿期望太高，享受平凡的幸福也不错

一天傍晚，我在散步。旁边有一对母女，孩子很小，最多两岁多一点，小手被妈妈牵在手里，两只胖嘟嘟的小脚，紧紧走在妈妈旁边。

最有趣的是，这对母女的打扮。

妈妈穿着件布质的裙衫，下身是条紧腿的牛仔裤，头发高高梳起，正是现在流行的丸子头。

再看女儿，无疑是母亲的小型翻版。一样的长款裙衫，一样的小紧身短裤，连头发，都梳得一模一样。

可是到底因为是小孩子，头发不多，那个"丸子"，相比之下，就小很多。可是小女孩很是得意，一边走，一边抬头看看妈妈，又用手摸摸自己的头发。

我走过去，逗那个孩子。妈妈是个健谈的人，见有人喜欢小女儿，立刻对我这样一个陌生人，喋喋不休地说起孩子的趣事来。

原来，她生下女儿后，就做了全职母亲。天天陪着女儿玩耍，日日都能发现惊喜。最有趣的莫过于，小人儿对她的依恋，对她的

崇拜，对她的需要，还有，对她无条件地追随。

两岁不到，女儿就开始学她的言行举止，穿衣打扮。她有个习惯，对着镜子梳头时，会先甩甩头发，突然有一天，女儿也站在了镜子前面，满头小黄毛，可是甩头的动作，竟然一点也不逊色。

过了几天，她发现女儿眉毛很奇怪，黑糊糊地连成了一片。孩子伸出手，给她看手里捏着什么。原来是她的眉笔，小家伙在学着妈妈画眉毛。

还有，女儿会穿她的鞋子，背她的背包，学着她跟自己说话的口气，对洋娃娃说话，见到别的小朋友哭泣，会假装自己是妈妈，跑过去母性十足地哄对方。

随着女儿一天天长大，她的要求，也开始更有趣了。

天热了，她经常会穿大衬衣，中裤，然后将头发梳得高高的，在脑后扎一个髻。女儿看见了，竟也要一模一样地打扮。但穿上相同款式的衣服，并不满足。更是靠在母亲身边，两手抓着稀稀拉拉的头发，一定要跟妈妈梳一样的发型。

妈妈说：哎呀，宝宝头发太少了，扎成丸子头，会疼的呀。

宝宝哪里能听得进去呢？

于是她只好坐下，让孩子坐在自己的怀里，拿起一把小梳子，一根小小的皮筋，先扎一缕，然后再将碎发一点一点地塞进皮筋里面。四十多分钟后，一个有模有样的小小丸子头，终于扎起来了。

年轻妈妈看着这一切，又惊又喜又好笑，为什么女儿会这么喜欢学她的一切？甚至不惜冒着头发会疼的风险？

你有女儿吗？你的女儿，也是这样学你吗？她问我。

我想了一想，说，严格讲，也是，也不是。

模仿母亲的穿着、言行，可能是每个小女孩都会有的举动，只是随着孩子渐渐长大，这样的模仿，会更多地加进她的个人风格。

无论哪个年代的女孩子，随着社会的进步，她都会比自己的母亲更开放、更时尚、更有勇气、更有知识、更朝气蓬勃……她不会再跟着母亲去梳丸子头，而是会迎合新的发型、新的做派，甚至新的婚恋观念。

从这一部分讲，她是和母亲完全不同的一个人。

另一方面，我们还是会发现，在这所有的不同背后，女儿的身上，还有着一个母亲们不容易发现的自我。

那就是孩子待人接物的态度、为人处世的思维方式。

虽然女儿和她上的是不同的学校，读的是不同的课本，接触的同学，也和她当年的同学大不相同，可是她会突然发现，孩子交往的朋友，和她当年的朋友，是那么相像。

虽然女儿早已经不再欣赏她的穿衣风格，听的音乐，也是她连名字都叫不上的歌曲，可是有一天，当孩子用一种无所谓的态度评论时事时，她会突然发现，这样的语气，是一个中年人经历沧桑后的世故，放在一个年轻人身上，还真是令人吃惊。

虽然女儿比她更早地开始了谈恋爱，找男朋友的标准，也和她的爸爸完全不同，可是会不会有一天，孩子无法接受失恋的样子，和她受了委屈的怨恨，竟是一模一样的？

还有，虽然她总是说，女儿和自己是完全不同的两类人，一个内向温柔，一个热情奔放，可是孩子突然挂课逃学，和她对不幸情感的隐忍，是不是都是对生活难题的一种逃避？

……

　　女儿小的时候，从母亲身上，学到的是她看到的外在，随着岁月的流逝、经历的增多，她学到的，则是母亲的生活态度。

　　我想，这可能并不是人们常说的，女儿模仿母亲，儿子模仿父亲，只是在寻找着一种性别的认同，很可能，女儿天生就有一种向母亲学习的生物本能。

　　我是在女儿进入青春期后，才渐渐意识到这一点的。是不是因为这个，为人母亲，也要越发地小心谨慎起来？

　　以前口无遮拦，点评起他人来，总喜欢语不惊人死不休，现在意识到这很可能对孩子会是一种不良影响，宁可木讷一些、口拙一些、沉默一些，也不要为了欢笑而制造噱头。

　　以前做人做事，散漫随性，现在则会自觉收敛、严谨行事，尤其在女儿面前，宁可给她留下一个无趣无味的印象，也不愿让她过早在社会要求和个人需要中间，变得茫然无措。

　　如果不想在女儿身上看到懒惰、自私、虚荣，那么做母亲的，最好有意识地克服这些毛病；如果希望女儿孜孜上进、勤奋努力，那么什么都不要说，自己先去做这样的母亲好了。

　　如果这一切都做不到，那就接受现实，心怀感恩吧。不要心比天高，不是指望女儿嫁入豪门，就是要她出人头地，大大强过自己。只有这样，当她和你一样做农妇、工人、妻子、普通职员、平凡母亲时，她才会觉得幸福。

　　如果说，女儿学习母亲，是一种生命的本能的话，我喜欢将母亲为了女儿而一点点改变自己，也归于一种本能。这是一种爱的本能。

　　只要有了这个本能，有了愿意为彼此而变得更好的努力，深深烙在女儿生命里的母亲的痕迹，就一定能将短处转为长处，将缺陷

转为优势，甚至将不幸转为幸运。

而母亲对女儿的影响，包括爱情和婚姻，都会影响孩子的一生。

与其深挖，不如种花

——感情需要共鸣，呼应才能深入彼此

我家楼下又响起了吵闹声，这熟悉的声音，隔几天，就会听到一次。两个女人吵架的声音，像爆竹一样，又响又尖，此起彼伏。

那是一对母女。母亲六十出头，女儿三十来岁。据说，老太太早年离异，一直独自带着这个独生女儿，女儿则一直没有嫁人，心情不愉快，工作也辞了。

按理说两人相依为命，母女情深，也能享受天伦之乐。偏偏这对母女，像冤家一样，隔三差五就会大闹一场。

开始只在家里吵，后来索性不再避嫌，不管认识的还是不认识的，只要见到人就大声控诉。老太太说女儿没有良心，她这么辛苦把她拉扯大，女儿却对她百般挑剔，这么坏的脾气，活该嫁不出去。

听到这话，女儿立刻大声质问："是谁让我嫁不出去的？一出去约会，就要限定时间，还把人家叫来家里，又是警告又是辱骂。还说我脾气差，谁能容忍你的脾气？"

母亲唠叨女儿不听她的话，如果当初念书肯用功，考取好学校，有份好工作，找个好男人嫁掉，她就不必再为女儿存老本，自己也可以像其他老人一样，四处旅游，尽享清福。

女儿则撇嘴冷笑，说自己单亲家庭里长大，父母没有给她应得的爱，能走到今天，已是阿弥陀佛。她不嫁，只是因为父母的婚姻，没有给她做出任何榜样。"嫁了又能怎样，还不是一样要离？"

这样就清楚了，这对母女积怨已深，难怪一点点小事，也会变成爆炸的导火索。买菜，喝茶，擦地，看电视，都会引发"战争"，一旦开始，就会扯到多少年前的旧事去。

更不堪的故事，还有不少。

某位男性朋友的外婆，已经近一百岁，孤独地住在乡下，靠他付钱，找亲戚照看。他和妹妹，却好多年都不肯回去一次。乡下的亲戚说，自己也有老人要照顾，他感到累了倦了，再给多少钱，都不想再替他们兄妹尽孝了。

我问他，为什么不接到身边，找个疗养院，周末还可以去看看她。

他摇头，说正是因为不想见到外婆，才特意送到乡下去的。他付钱找人看她，已是有良心的举动。想要再多，门都没有。

为什么会这样？

原来，这位朋友的母亲，在他十一岁的那个夏天，自杀了。自杀时，母亲重病在身，朋友的父亲开长途货车不在家里，走之前已察觉到妻子情绪异常，便交代外婆，好好看护。但那晚，外婆却打麻将去了。母亲撕开被单，上吊自尽。

朋友和妹妹，从此再也不能原谅外婆。而且一直认为，是外婆害他们小小年纪就失去了母亲。

我说："可是你的母亲，也是她的女儿啊，她难道不是一样

痛苦？"

痛苦还去打麻将？朋友一说起这个，就气得脸色铁青，五官都变了形状。三十年过去了，他还沉浸在受伤的痛楚中，无法做到设身处地，更无法原谅外婆的失误。

电影《唐山大地震》，讲述的也是一个亲情之痛的故事。

母亲面对灾难，选择先救弟弟，受地震和亲情双重伤害的女孩，从此心生怨恨，怎么也想不明白，母亲当初为什么会做出放弃她的决定。

成年以后，她和母亲的关系一直不好。用叛逆、反抗、自伤甚至仇恨，演绎着母女之情。

亲情之伤，常常比其他任何情感，都来得猛烈、纠结、如火如荼。不是一句两句劝解就能化解开的，非得要双方拿出极大的诚意和耐心，而且，还要有时间参与教化，才能让心田渐渐安适。

可是却很少有人能做到这些，我们都是凡人，拿不出这样的态度和耐力。

往往同住屋檐下，或恶语相向，或冷若冰霜。因为哀伤，因为怨恨，因为后悔，因为没有勇气去面对，便沉浸于伤心往事，只给亲人交付硬邦邦的一副心肠。

我想说，这是愚蠢。

天赐之爱，常常也会在不知善用的情况下，不断粉碎，衍生出烦恼和痛苦。它像一根粗大的绳子，死结一旦出现，不是毁了别人，就是勒死自己。侥幸存活的，却转而开始恨这人世，为什么，偏偏他这么倒霉，遇见如此的父母、兄弟姐妹，吃不尽的苦头，过不完的烦心日子？

于是，一次次将土层扒开，朝岁月深挖，掘出的全是久不愈合、业已溃烂的伤口，还有那腐烂的味道。

感情需要共鸣，呼应才能深入彼此。旧情总要植入现实的泥土，才能够萌芽、开花、结果。与其苦苦深挖，摊一地的烂泥，不如将曾经的一切，倒入枯井，填埋新的土层之后，再一起播撒亲情之种。

待到秋后，一家人聚在一起，品尝丰满多汁的果实，那份甜美，该能多么抚慰曾被过度折腾的灵魂呢。

第五章

爱情常保鲜，幸福早点名

爱情不可能总是一帆风顺，人生境遇会发生各种变化，感情则会进入不同的层次。"王子与公主从此过上了幸福的生活"只是童话，真相则是，公主和王子一起经历了风风雨雨后，她对爱情有了更深的了解与体悟，有了感恩，懂得爱情的保鲜法，幸福就会一路相随。

最美的爱情

——爱的归宿，就是平淡而真实

第一次见到他时，她只有十六岁，甜蜜，懵懂，还有些多愁善感。下了晚自习，回家的路上，突然听见有人喊她的名字，红了脸转过身，就见哥哥和一群朋友，正坐在街边摊喝啤酒，已经有了酒意，他招手叫她过去，要对他的朋友们夸夸这个妹妹。

她那个年龄，是羞涩胆怯的，拗不过哥哥，又腼又急。他的朋友们说，真是个不错的小丫头，以后有困难，我们都是你哥哥！

他比她大八岁，肥胖，笨拙，躲在她哥哥的那帮朋友中间，毫无特色。他动作不够灵活，两次站起身，都差点碰翻桌子。他就像一个笑话，让大家都很开心。他不对她开玩笑，而是在她走的时候，跑到路边叫了一辆三轮车，送她上车时他说："早点回去，安全一些。"

待以后哥哥再说起他的朋友时，她偶尔会问，那个胖子呢？

后来，她听说胖子出了国，又听说他有了一个外国女友。这都让大家有些吃惊，因为他那样不起眼，又不够狠，怎么会有洋妞看上他？

再然后，听说两人一起去南美丛林探险时，他的女友得了败血症，去世了。

听哥哥说，从那以后，他就像变了一个人。颓废、消沉、沉默寡言，他常挂在嘴边的词是命运，不再为什么事、什么人去努力。

也许，年轻的生命无法了悟生死，只能寄情于幻想或机遇吧。

在这个过程中，她长大了，爱上了另一个有家室的男人。这是她的初恋，她爱得投入而忘我。二十岁的她，温柔，敏感，富有同情心。她不愿意难为他，竟接受他一切苛刻的条件，从不主动联系他，也不对任何人提起他的名字。

她拒绝身边所有异性的殷勤，拒绝一切她这个年龄应该享受的娱乐，只为了等他每隔一月或两个月来看看她。

她甚至不知道，恋爱中的女孩子，是可以随时和男友撒娇、生气，可以对他们招之即来挥之即去的。

几年后，她伤痕累累地结束了这场游戏。

和同龄女孩相比，她坚强、谨慎、懂事，而且，她从不追问别人的隐私，与人交往，彬彬有礼，适可而止。她的同事们都说："这可真是一个好女孩，可为什么，她就是不谈恋爱呢？"

是啊，她不谈恋爱，每一个走近她的男人，她都看不上。

大家渐渐觉得她心高，为人格涩。

在爱情这件事上，谁都可以拿他们当做反面教材。

转眼她已经快三十岁了，有一天，胖子来到她所在的城市，看她的哥哥，见到了她。他们都不敢相信，彼此是曾经见过的那个人。

她不再天真无知，他也不再笨手笨脚。虽然，她还有着一双单眼皮，虽然，他还是个戴着眼镜的胖子。

他们竟会一见钟情，真是令所有的人吃惊。她美丽上进，他却有些糊里糊涂。他大了她那么多，而且他还为前女友放逐过自己。所有这些，似乎都不是这个讲求效率的社会所能容忍的事。

她的家人、朋友都反对这门亲事。他也疑虑起来，觉得自己配不上她。他再次想要逃跑，他又开始对她说，一切都听从命运的安排吧。

她却表现得非常坚决，这是她结束那场荒唐恋爱后，重新开始的一段爱情。人们发现，她似乎又像头一次那样，付出了自己的全部身心。

虽然他善良、温和、谦虚，可他也同样软弱、轻信、优柔寡断。这样的男人，有时候是会让人难以忍受的。她却说，在他的脸上，看到了深刻。

一个人，只有经历过世态炎凉，思虑、爱情和苦难在他脸上留下印记之后，他才值得让人倾心。她明白，他也在她的脸上看到了这些。

他们竟真的恋爱了。而且，很快就宣布要结婚了！

亲人们想，这样的两个人，根本不适合在一起。他们都是性情中人，都遭受过爱情的重创。如果他们相爱了，一定会追求那种极致的、烧成灰烬的爱吧。

这将让大家多不放心啊。谁也不想看到他们受伤害，或是彼此伤害的模样。

劝说、警告、威吓、哀求统统不灵，两个人的表情，始终如一，微笑。说，不会的，他们一定会彼此珍惜，白头到老。

两人真的就结婚了。因为他已在美国落户，所以她也去了国外。远离亲友，他们到底过得怎样，很少有人知道。但大家都在为他们捏着一把汗，婚姻是要糊涂的，可这样的两个人，对爱情是多么明察秋毫啊。

转眼七年过去了，她的哥哥去美国看他们。

　　没有想到，他们现在已经成了农场主。在寂静广袤的原野上，养育着三个儿女。

　　远远地，他就看到她向他跑来。她胖了很多，有了白发，肤色健康，她抓着哥哥的手，大喊大叫，就像一个真正的农妇。而他呢，手里抱着最小的孩子，身边一左一右跟着一对儿女，他穿着雨靴，宽松的裤子，还留起了胡子！

　　哥哥松了一大口气，他终于确信了，他们是彼此相爱，幸福美满的。因为只有身处幸福中的人，才会显得既愚钝又平庸。

　　结婚前，他们对亲人的保证，原来是再三思量过的。体味过爱情的跌宕起伏，了解过全身心付出的剧痛，必然也就懂得高潮退去后宁静的可贵。

　　经过了生活种种艰辛、忧愁和痛苦之后，他们平静了，进入了中年自满自得的状态。幸福的婚姻，让她变成了贤妻良母，让他做了琐屑安详的一家之主。

　　爱情最后的归宿，无非是平淡而真实的生活。

　　在这一点上，他们成就了最美最好的爱情。

爱情的宿命

——幸福，最需要咂摸和回味

　　杨秋是个刚满二十五岁的女孩子，感情经历却非常地丰富和复杂。她从十四岁开始恋爱，最长的感情，半年多，最短的，只有十天。

二十岁后，渐渐觉得和自己同龄的男生，已经无法交往，认为在他们那里找不到幸福的感觉。但岁数大的男人又多已婚，虽然恋爱时还比较有趣，但结局却往往不好。

她悲哀地意识到，自己已经失去了在爱情中谋求幸福的能力。很可能，这一辈子都找不到幸福了。

看了杨秋的故事，想起自己以前写过的一篇文字：过早或过多地涉入爱情，都容易毁掉一个人的幸福感。

因为幸福的结局难以实现，情感又太容易到手。这让每段情感，都变成了生命中的匆匆过客，感觉来了，不考虑合适还是不合适，尽情相爱，感觉一走，也不考虑世间之事都有的延续性，立马罢休。

看起来，好像只是在为爱而爱，不让感情变质，或是掺杂其他的东西，但同时，也使得情感失去了深度，幸福成了越发飘渺的东西。

而幸福，却是最需要咂摸、需要回味的感觉，甚至还要有很多的不幸沉淀其中，才能体会得到它。

它和及时行乐，或全身而退，并没有太大的关联。

兰波曾经写过一句著名的诗来形容爱情的感觉。他说："就像和女人在一起时那样幸福。"这诗被广为流传，是因为每个男人，虽然身边的女人穿的衣服、性格、长相都各不相同，但他们却都知道，和女人在一起时的幸福感觉是什么样的。

爱情的幸福感，其实是难以精确形容的，它就像兰波的诗中泛泛而指的女人一样模糊不清。

但是，如果要明确地感知到这份幸福能维持多久、又能带来什么结果的时候，却不能缺少爱情的穿透力和洞察力。

那些无法深入的爱情经历，虽然看上去很美，很艳丽，让人眼花缭乱，可却很难培养出一个人足够的穿透力和洞察力，既而也会比较难体会到脚踏实地的幸福感。

感情这东西，非得有追逐，有起伏，有燃烧，有再生，有碰撞，有幻灭，即便留下一地的灰烬，才能有味道、有嚼头、有想象、有回忆，顺便，也才会有那么一点厚重感。

我相信，爱情是人心灵的宿命。它就像土壤滋润草木、云朵滋润天空一样，是我们自己独特的诗。什么样的爱情，就会带来什么样的心灵。或光明、或阴湿，或端庄、或妖娆，或温暖、或寒凉……个中滋味，只能自己去品味。

曾经丰富的爱情经历，让杨秋比起许多同龄的女孩子，可能多了一些人生体验，也多了一些关于幸福的思考。

二十岁之前的男友，不过都是同学朋友，他们的单纯，让她的选择相对也能简单一些。只是这份简单，却未必能满足她内心丰富的爱情想象。

等走向社会，如同面临更大的市场，男人的数量、质量都和校园里面大为不同。已婚的未婚的，有钱的没钱的，有思想的无头脑的，有权的无权的……这些男人，对一个思想开放、样貌出色，而且并不介意对方是否有家庭的女孩子来说，可以说都是待选的对象。

而他们，早已摆脱了学生腔书生气，对女人的了解，自比杨秋当年的男同学高超许多。虽然她恋爱经验不少，但已婚的中年男人，在段位级别上，还是会比她高出很多个层次。

所以，看起来是这样的情事不断，桃花运连连，其实和容易上手的已婚男人的交往，不过延续了少年时代来也匆匆、去也匆匆的情感之路。

杨秋有两句话说得很好："太天真，也是罪"，"爱情，我从没有主动追求过，却见证了她的巨大破坏力"。

自觉有罪的天真，来源于习惯轻易地分手；如今倍感破坏的爱情，则来自对天长地久的无法掌控。

一次一次恋爱时的快乐，更多是为了自身的炽热情感，而不是感动于激发起这种情感的对象。我想，这就是多次恋爱后，带给她的某种心灵宿命了。

不能武断地说是好还是不好，毕竟这是她向世界表达自我情感的一种方式。

只是这样的方式，杨秋注定会看到比别人更多的景致，但同时，也要走向比别人更坎坷更辛苦的道路。

被人照顾才有感觉

——懂得自尊自爱，更要学会照顾他人

A女说了两段故事让人听。

一是几年前，别人介绍男朋友给她。

男的不是她喜欢的类型，但也能做一般朋友。

半年后，她突然生病，要每天去医院，他正好休假，于是陪她，接接送送，挂号，取药，付款。她觉得他照顾她很仔细，深受感动，于是和他结婚了。

婚后的日子，很平淡。

他对她依然很好，上海男人，什么都肯做。也很实惠，不搞花头，新电影买碟来看，咖啡自己冲来喝。过节过年，除了麻花，没有别的花送。

一次出差，认识了小她七岁的男孩。虽然小她很多，却很会照顾关心她。在外出游，总是鞍前马后，渴了请喝水，饿了请吃饭。晚上还陪舞，够 HIGH。

但这趟出轨，不会有结果，不仅男生小她太多，而且距离也远。

不过是一次出差途中的风花雪月。

现在的她，很郁闷。日子乏味，一点也不浪漫。

丈夫依然周到体贴，但她不屑于他的关爱体贴了。婚前她生病时他帮忙，反而有乘虚而入的嫌疑。

现在整日回想小男生的种种温情：开车门，常陪伴，钱不多，却勇掏皮夹。

被关怀得肺腑俱暖，好幸福。

A 女学历高，读书多，小白领，钱也赚得可以。这两次，一次有结果却越来越乏味，一个出轨却不时想起。两次，都因受人"照顾"，或谈婚论嫁，或以身相许。类似的经历，不一样的感受，就因为所处的关系不同。

好好的现代女性，相貌端正，身材中等，腿脚便利，无病无灾，为什么要如此依赖男人的"照顾"？而且，言谈之中，深觉自己浪漫无罪，只是追求生活质量。

呜呼，连生活细节都要别人照顾，何来质量？

又不是十四五岁，人生道路一片彷徨，得到一点关怀，便深深依赖对方。

都是结过婚的女人了，自得其乐，舒服简单最重要。恃宠生娇，不过是三岁小儿的拿手好戏，到头来必定毁了自己。

试想，今后她再碰到什么男人对她"照顾"有加，不知她是离婚，还是私奔？

或者，有那么一天，没有男人再愿意对她"照顾"有加，到那时，生活质量从何保证？

依赖感越重，跌倒的机会就越大。寄望越高，失望也就越大。A女真要想过幸福日子，可能首先要放弃许多女性的特权和幻想，尽义务，负责任，与其渴望浪漫，被人关爱，不如做一个懂得自己照顾好自己的普通人：经济独立，账单自付，打理家务。并且，懂得自尊自爱，还要去学会照顾他人。

嫁好不如过好

——幸福的感觉，在一饭一菜中

刚一结婚，许莉就发现自己嫁错了。丈夫不如任何一个前男友，不会献殷勤，不会娇惯她，除了老实厚道，再无一样长处。而在这个社会，老实厚道简直就是一种悲哀。

她开始抱怨，反正无论怎么说，他也听不懂她的话外音。很多年过去了，她对婚姻的失望，成了婚姻生活的主旋律。这听上去有点荒唐，但事实如此。终于有一天，丈夫忍无可忍，主动说要离开

她。儿子在日记里也写道，实在是无法忍受她的坏脾气。连当初赞同她婚姻的父母，都开始对她不满，要求她忍。她很生气，如果这桩婚姻真的那么好，为什么要忍？

这样的故事，这样的女人，我们是不是见过很多？祥林嫂似的，会将一切不快乐，都从结婚那天开始算起。早知道就嫁给另一个人了，她们会这么想，换了另一个人，一定比今天这个男人强。

整天憋着气，说起话来，不是讽刺，就是贬低，逐渐在家里形成了一种畸形的表达方式。

这很像是交通路口的监视器。关于监视器，是这样工作的，如果你违反了交通规则，超速，或是闯了红灯，它就会拍下你的车牌，然后过一阵，罚款单就送到你的手上了。

现在，让我们设想，你早上起来，意识到一个工作约会要迟到了，于是跳上车出发了，你是懂得交通规则的，但你还没有化妆，还有一个重要的电话也没有打。于是，你在一个坑坑洼洼的路面，一边超速行驶，一边抹口红，又在下一个红绿灯路口，因专心打电话忘记了停下来等红灯。

好吧，你按时到达了地方，任务也完成得不错。然后有一天，你收到了罚单，这才意识到，那天早上你以为应付了的麻烦，其实并没有摆脱掉，直到收到罚单的这一刻，才知道自己付出了怎样的代价。

危险的是，到了某一天，丈夫要离开许莉，孩子开始叛逆，老朋友冷眼旁观，亲人批评她的时候，她才知道，多年来的抱怨、不满、懊恼和急切，已经让婚姻这辆车，偏离了正常的生活轨道，现在的这一切，不过是迟到却必然会来的那张罚单。

一个女人，能被男人无条件地娇惯，这没有什么不好。但大部分女人，头昏脑涨过去后，就会明白这一切都是假象，得学着自己慢慢调整。但也有那么一些女人，糊涂到一把年龄，还会把男人的奉承话当做生命支柱。一旦不小心被当做普通人看待了，立刻崩溃，觉得被所有人都亏待了。从此以后骂骂咧咧，摔摔打打，还动不动就想把车开到山沟里去。

七仙女当初下凡，嫁的也不过是普通男人。织女是王母娘娘的女儿，也肯为大字不识一个的牛郎生儿育女，卷袖下厨。年轻的时候，我也有过狐疑，她们为什么不肯去找王公贵族，现在明白了，仙女之所以能成为仙女，是因为她们比凡人更懂这样的道理：无论嫁给大人物还是穷小子，幸福的感觉，只存在于一饭一菜当中。

能认识到自己普通，性格温柔，没有人哄，也能保持心态平衡，这就是一个女人的最大的福气。家庭、感情、梦想、人生理想……无论嫁给什么人，还会一如既往地摆在她的面前，老公口拙平凡、孩子调皮捣蛋、朋友事业有成、亲人关切有加，都不会成为一个女人想要过得好的障碍，相反，它们只是促使她走上幸福之路的合力，只要她愿意停止怨恨，去掉幻想，减少欲望，意识到自己不是仙女，而是像其他民女一样，好好生活，那么想要的一切，就都会来到身边的。

独生娇惯情结

——只想被人照顾，这样的好命运就如守株待兔

亦舒说，如果一个人碰到了麻烦事情，顿时发脾气说不吃饭，这个人就有"独子情结"。

为什么这么说呢？因为多子家庭，父母不会有那么多耐心，管你吃还是不吃。不吃拉倒，不愁剩饭没有人吃。

而独子不同，一顿不吃，就是全家人的心病。上到爷爷奶奶，下到父母叔伯，都会当大事来劝。久而久之，一生气，首先表示不吃饭，以为能引起全方位的重视。

成年人独子情结不散，说来多少有些笑话的意思。

生活中，可以见到不少，而且绝不仅仅限于年轻、独生、娇生惯养：

——无论和谁在一起，朋友、家人或情人，都要常常被夸奖、被鼓励、被肯定，否则，就是不再爱他。

毕竟独子最漂亮，最聪明，最可爱的，谁家孩子能比得上？

——遇到自造的麻烦，过不去，须得别人用谎言来哄。

比方"没事没事，错不在你"，"你无论做什么，我都支持你"，等等。明知错在自己，也得让人说对；明知对方在说谎，也必须一路说下去。

儿时摔跤，哪个父母对孩子没有责怪过地板太硬？还要帮着狠踩几脚，才算解恨。说谎不重要，重要的是亲热肉麻的哄劝态度。

——谈恋爱，对方须一味关怀。只要异性表示呵护，立刻当做真爱。吃什么，穿什么，去哪里，干什么，都得对方安排好。仿佛突然之间，回到童年，爱人不出手，最好连洗脸刷牙都不会。

以前知道情投意合好重要，现在才知道被人照顾更要命。

——无论年纪多大，只穿少女装、扮少女状、发少女脾气、拥有少女情怀；而他，则永远要够帅要够酷，天马行空，自由自在。岁月可着劲流失，他们的气质却滞留在二十年之前，哦哦哦，只可意会不可言传。

人人都愿意留住自己最喜欢的岁月，没错没错。

——两相争执，必得我赢。无论他说什么，旁人都最好笑着回应：好好好，好好好。

莫非政治人物的独子情结最严重？

……

生活中见多了种种独子行为，渐渐看在眼里，当然也可以视若无睹。有些人在外通情达理，关起门来却未必讲理。有些人专喜在众人前耍宝撒痴，独处时其实比谁都懂得进退有致。

父母和独子置换角色也未尝没有。

女友谈起自己的衣服经，颇令人忍俊不禁。每每试穿，都必须要有孩子的夸奖。久而久之，十岁的女儿已掌握窍门，往往看都不看，脱口便出三个词："好看、显瘦、年轻。"

虽是孩子，却已知道对某个年龄段的女人来说，好看、显瘦、年轻，是她们最需要的。

可见只要碰对合适的人，谁都可以是独子。只要以为对方爱自

已如父母，无怨无悔，不管对错，你就总是他的唯一：装嫩、撒娇、卖痴、蛮横、扮可爱，而且，只许赞美，不许批评。

金马车和老南瓜

——幸福和快乐依赖于别人，终会落空

动画片《灰姑娘》里，女孩拥有一根魔棒，要去宫殿参加舞会了，没有马车怎么办，于是魔棒一挥，地边的老南瓜，瞬间变做了金光闪闪的漂亮马车。

但是，这金马车，是有时效的，午夜一过，就又变回了老南瓜。

很像是婚姻中出现了问题的某女士，丈夫有外室好几年，她用酗酒来遗忘其中的痛苦，事情紧急时，她甚至会将电话打到外室的家里，叫老公赶紧回来。

两种情况下，会觉得人生还比较好过。一是将醉未醉，意识不清之时，甚至还能有一点点高兴和快乐；再就是看到他给她卡上打来钱时，也会觉得生活还不算太坏。

但终不能长久，酒醒之后，痛苦反而更深。

在这里，酒精和金钱，成了灰姑娘的魔棒。只要转一转，就能遮掩住不想看的那部分丑陋，给婚姻披上和平的外衣。

魔棒本身是无罪的，正如她睡前的酒，他拿回的钱，它们最多只是生命过程中的一种激素，却不能像自身机体中的血液、细胞，会主动地去新陈代谢。

所以，她才会酗酒上瘾，他依然风流成性。

金马车总要变回老南瓜。

从古到今，幸福之路都是蜿蜒曲折的，聪明人常常会用一生的耐心和悟性，且思且行，去寻找其中的真谛，领悟过程中的欢愉。

如果仅仅靠酒精，或是金钱，就能找到幸福，那这个世界上，怎么还会有如此多不快乐的人呢？

当所有幸福和快乐的感觉，依赖于外界的某人，或是某物，而不是靠自身的努力获得时，暂时忘却烦恼之后，人会对依赖的人或物，更加上瘾，还会变得贪婪而失控。

一旦供应不上，甚至会引来更痛苦的症状。

酒和钱，这个时候，很可能只能坏上加坏，加剧对婚姻和幸福的破坏。

每个人都有追求幸福的权利，而且追求的方式，也各自有所不同。但有一点，我们都要小心幸福之路上的魔鬼。它会带着你走向表面看起来鸟语花香，实则暗藏危险的地方。

其实，幸福是有规律的，我们每个人，要获得幸福，都得遵循那个规律：

它需要付出艰辛的努力，要经过痛苦和冷暖。它会在一个瞬间，如花朵一样，绽放在心田。它的表现形式，并不是狂喜、得意或满足，而是朴素绵韧，香甜过后，舌尖依然有着未散的酸辣辛苦。

他拿钱换取家庭的平安，她拿酒换取经济的稳定，表面看，这是利益交换，而且也还算实惠经济。但内心的不适，却因长久存在，积怨成疾，不幸福的感觉，越来越影响到正常的生活，这就说明，酒和钱并不是好的解决方法。

何况酗酒上瘾，还会影响身体、情绪和工作，当她成了真正的酒徒，他要离开，理由自会非常充足，别说良心如何，看客都会站在他的一边。

老南瓜就是老南瓜，除非醉眼惺忪，才会拿它当做金马车。为了一时的安宁，出卖整个人生，这样的老南瓜，只能说，是一只疯狂的南瓜。

先敬罗衣后敬人

——打肿脸充胖子，疼的只是自己

经常听到有人说，为什么那个毫无道德廉耻的男人，反而升官发财顺风顺水？

还有，那些出卖姿色的女人，凭什么赚钱多多，过得比谁都嚣张和舒服？

这十年，主流价值观似乎的确和以前大不一样了，女人都靠美色在混，男人都靠关系在混，老实人想赚钱只能受一辈子穷，小孩子读书根本没有用，不如有个好父亲。还有，你得用名牌，穿时装，得打肿脸充胖子到处炫耀。这个时代，它简直就是在赤裸裸地对你说，先敬罗衣再敬人！

然后又怎样了呢？

确实有很多人，一窝蜂地跟着这样的价值观在跑，他们是坚定的实用主义者，坚信"过得好"、"发财"、"出名"、"当官"就是人生的一切。孩子才五六岁，就教他要学会溜须拍马，做人谨慎。

但也有一些人，很难放弃曾经学"好"的那一部分，坚决相信好人有好报，坏人下地狱。好人都心地善良、淳朴、有同情心、为人低调，只有坏人才嚣张、霸道、不顾及他人——这些关于善恶或好坏的观念，曾被灌输在大多数儿童的早期教育中。

于是，当一个人行为正确，却惨遭抛弃时，难免困惑不解，感到世界变得很是荒唐。到底是因为我不好，才受到惩罚呢，还是我并不坏，只是管理世界公正的某个机器，出了问题？

其实这两种不同的价值观，从人类社会诞生以来，就一直是存在的。

实用主义者，也会有不公平之感，比方隆了乳，陪了酒，出卖了朋友，泯灭了良心，抛弃了妻小，当了卑鄙小人或跳梁小丑，却没有得到预期的好处，等等。

在生物界中，只有人有这种机能，就是能在现实和愿望的冲突中，保持适当的松弛，从而找到自由感。可能我们无力改变某些事态，但有自由决定对待它的态度。

比方说，房价太高，就不买房；男人恶心，就离开他；上司阴暗，别强迫自己去讨好；同事彪悍，打不过就跑；股票缩水，要么退出要么耐心等待；当不上官，做点自己喜欢做的事……这种自发接受现实的态度，就是一种明白无误的自由。

说起来可能有点消极无为，但其实大部分人，都属于这一类，既不太好，也不太坏。既不悲观，也不乐观，既不激进，也不愚蠢。

如果能做到这一点，就会明白，先敬罗衣后敬人还真不是生活的全部。

一个人预料要受辱时，就总是担心自己会受到嘲弄。满足拿自己当做受伤的目标时，伤害就会随时来临。无耻男人升官发财，那只是他的生活方式，怎会刺激到你？女人出卖色相去赚钱，只能说她比别人更有不安全感，经济压力更大。

要相信所有的路，都会有出口，我们之所以这样走，只是因为走在自己喜欢的路上而已，但请一定要抬眼看看，用耳听听，切莫走入死胡同。

这样想，可能比较不容易受他人影响，比起选择哪种价值观，也更现实一些。

父母的烙印

——上辈留给我们的弱点，不用逃避

不知道从什么时候开始，我们常会听到人们这样说：生活是很简单的，你只要勇往直前，什么也不要去想。

话没有错，但更多的却是，当我们有机会静坐沉思，突然自省的时候，那些早年的故事，尤其是父母陪我们一起走过的各个阶段的浮光片影，就会像触摸我们灵魂的手，不知不觉地进入我们的思维中来。

只是我们生活中的故事，大多是大同小异的。

我是一个喜欢常常回头的人，喜欢看到今天的自己，是怎样行走在往日经验的桥梁之上。再也没有比经常回头看看往昔的生活，更能让我们体验到生存的玄妙，或是更能发现我们之所以会成为今天的我们的秘密了。

乔伊斯·梅纳德是美国一位女性杂志的专栏作家，十八岁时，因为在《纽约时报》的一篇专栏文字而名声大噪，曾被誉为美国的萨冈。她在无数封读者来信中，认识了塞林格，就是那个大名鼎鼎的《麦田里的守望者》的作者。从此两人开始通信，并且发展成了情侣关系。塞林格比梅纳德大三十五岁，他们同居几年后，关系破裂。离开塞林格后，梅纳德将这段经历埋藏起来，靠写作维生，结婚，生育，离婚，一直到她四十四岁时，她动笔写出了《我曾是塞林格的情人》这本书。

虽然书中说的是一段名人隐私，但其实，作者更多地将目光放在了自己的成长历程上。尤其有一段故事，是这样深刻地撼动着我，让我无数次地和朋友们说起。

梅纳德的父亲是大学教师，爱好绘画，怀才不遇。母亲是个专栏作家，为人轻松，欢快。梅纳德自小和母亲的关系一直很好，可以说是无话不说，十三岁时，她在日记中写到了全家人从来都不面对的父亲酗酒的问题，母亲在她的日记后，写了一段文字安慰她。她告诉她，父亲酗酒只是在晚上，那是一天中的很短的时间，其他大部分的时间里，他都是一个合格的父亲。这段文字让少女梅纳德感到很高兴，觉得一方面母亲很理解她，一方面，母亲让她放下了一个包袱。

时光荏苒，梅纳德渐渐进入中年，遭受过性焦虑、爱情重创、婚姻不幸、写作艰难、经济窘迫等人生困境之后，这一段少年往事重新涌上了她的脑海。她突然意识到自己多年的苦苦挣扎，与母亲

对她的深刻影响有着巨大的关系。正是母亲那种皆大欢喜，不敢正视人生残酷性的做法，才使她碰到塞林格时，轻而易举地放弃了自我，一心一意去做他所喜欢的那种女孩。是母亲肤浅、逃避、讨喜、看起来乐观向上的人生态度，令她失去了怀疑和反省的力量，以为人生的目的，只是为讨好权威和男人，从而一次次陷入了自我分裂。

梅纳德的这段故事，我拿来讲给我的朋友听。我说按很多人的理解，这样的母亲，应该是好母亲，因为她引导女儿看到光明的那面，不要让她年少的内心承受过重的负荷。但她一定不会想到，正是她的避重就轻，反而给女儿带来了漫长的人生困扰。

那么，如果我对我的朋友继续说，让我们反过来想想，梅纳德的母亲鼓励女儿面对父亲酗酒的事实，成年后的梅纳德，也许不是做塞林格的情人，而是一个失去工作的母亲。好吧，我们也可以想象，她中规中矩，奋发图强，符合了世俗社会功成名就的标准。但会不会依然有那么一天，她坐了下来，有了静思默想的机会，想到自己为什么会有那么一些无法克服的个性障碍时，母亲在她少年时代，烙在她身上的沉重记忆，又会以另一种方式，来提醒她某些遗憾呢？

我的朋友想了一想，说，这就是我们之所以是我们自己而不是别人的原因了。我们的父母，无论以什么样的方式爱我们，都会在我们身上留下遗憾，但关键是怎么看待这种遗憾。

是啊，原来无论怎样，我们都会从我们的父母那里承袭到很多无法克服的弱点，因为他们本来就不是完人。这些弱点，注定会有那么一天，要描摹出我们无法逃避的人生困境。那时，你就会清楚地看到无论父母当年是积极向上，还是悲观冷静，其背后都会隐藏着焦虑、消沉、自卑、无奈。这真是天谴，谁也无法逃避，它既是为人父母的快乐，也是为人父母注定的悲哀吧。

但不管怎样，能想一想父母打在你身上的那些种种烙印，总是一个回味，一个豁然发现自我的机会，在更多理解父母的同时，让我们自己为人父母时，也有了更多小心和随缘的心境。

母女之间的困境

——母强则子弱，母弱则子强

《琥珀中的女人》曾获得过美国国家图书大奖，作者爱格·纳索是拉脱维亚裔的美国人，曾经历过被德军占领、后来又被苏联占领的丧国之痛，她在书中对苏俄红军和德国纳粹，做了几乎如出一辙的批判和揭露。她童年时就在二战的难民营集中营里待过，战争结束后，跟随父母到了美国。十一岁的她从头开始学习英语，继而读大学，一直到博士毕业留校任教。虽然生活安定了，但多年来，战争的阴影却一直在她心头无法散去，她的身后，留有太多的童年创伤、民族灾难，这让她成长的道路上，充满了心灵的折磨。婚姻、爱情、家庭、事业，虽然表面看去，她所经历的一切，和身边的美国人区别并不大，但只有她自己知道，这些生活，不过是战争后的新一轮混乱。

进入老年后，她开始积聚勇气，重新审视自己的生命之路。

虽然是自我救赎的故事，在我看来，这更多的是一本写母女之

情的小说，它并非完全着眼于战争创伤的主题。

爱格有一个坚强独立、心智强大的母亲，童年时，母亲给了她最大限度的庇护和指导，成年后，母亲又用自己的意志，给她以教诲和帮助。但也正是因为母亲在她的生活中过多的影响，使爱格多少年来，无法找到一个真正强大的自我。结婚时，她终于和母亲彻底决裂。

伤害总是在瞬间就能造成，可弥补起来需要的却是漫漫时光，一如战争的创痛。

而那些需要抚平的伤痕，总是和母亲纠缠在一起的，摆脱母亲的影子，只是爱格徒劳无功的做法。书中曾有一段，是写母亲带着还是少女的她，去参加拉脱维亚人的战争主题的聚会。在会上，所有的男人都在痛陈战争带给男人的伤痛。母亲勇敢地站起来，希望他们能正视女性在战争中一样面临的痛楚。但会上，不仅没有一个男人支持母亲的说法，也没有一个女人站出来认同这样的痛苦是不能以性别来做比较的。

少女时代的爱格，在母亲身上看到了女人的宿命。母亲的反抗，是苦涩的。爱格写道：顺从使女人温柔，反抗则带来苦涩。

母女题材的小说，西方有很多女作家都曾写过。这也许像男性作家写父权题材的作品一样，女人一样会有一个通过母亲这面镜子，审视自己成长、选择生活和将来的最后归宿的过程。

《要短句，亲爱的》是法国女作家彼埃蕾特的作品，文字非常朴实简单，情感充满了真挚和温柔，在我看来，这同样是一本焕发了真正的女性之美、思考了女性生命意义的作品。

母女，从相互的信任依赖，到女儿长大成年后自然而然的疏远与互不理解、困惑交流的不愉快，是女性生命中另一层面的内心创痛。可能在女儿童年少年时，互相交流越多、相爱越深的母女，在女儿成年后越容易感受到这样的痛楚。而愤怒、失望、厌倦，交织在天然的那份爱中，更能使人倍感寒凉与距离。

谭恩美的《接骨师之女》，也是一本讲述母女之情的书。成年后的女儿，有机会重新翻过身去探寻母亲的生长之路，继而看到生命之间彼此承受的力量和不容易。很多琐碎的内容，是女人独有的感慨。

谁都希望和自己身边的人——无论是父母子女，还是妻子丈夫，都能保持天长地久的温情认同、亲密无间。可是当我们一旦看清了命运的走向和无奈，任是多么需要相互依偎的亲人，也都成了小小的甲虫，时间越久，就越只能在美丽透明的琥珀里，相互对视。

懊悔和焦虑
——缺憾的爱，不能用粗暴的方式弥补

中考将近，有多少母亲，在为孩子默默着急。

年纪大了，就不能发生婚外情，未必。

林琼已经是一个母亲了，女儿都快参加中考了，她却陷入焦虑中。除了女儿的事，还掺杂了别的因素。

三年前，她有了婚外情。心思不再放在丈夫和孩子身上，节假日里只要有时间她就会出去玩，忽略了孩子的学习和心理需求。直

到老师说，女儿早恋，并且成绩一落千丈，很难考上一个好高中。

她突然醒悟，快刀斩乱麻地结束了婚外情，转身将所有精力，都放在了孩子中考上。她觉得内心愧疚，心想孩子考不上一个好学校，她可能会一生都感到痛悔。于是她严厉、苛责，不停地吓唬孩子，女儿的成绩却并没有提高，和林琼的矛盾也日益激化，孩子还出现了离家出走的现象。

她说，我只是想弥补孩子，难道做错了什么吗？

在我看来，这是一种焦虑的转移和迁怒。

是想将自己出轨的懊恼，转移到孩子考试上的一种做法。

不，她说，我不是迁怒，我只是为了她好，我希望弥补自己的过失，希望用自己真诚的母爱，抹去之前给她造成的伤害。再说，结束关系是我自愿的，我没有怨恨任何人的意思啊。

可是，这是真的吗？

一段好好的人生之路，就这么莫名其妙地走偏了；伤害了丈夫不说，还赔上女儿的成长，以及对家庭的照顾……这怒，就是对自己的怒，是恨自己太傻，太糊涂，太天真，太愚蠢。

可是，要承认自己完全就是傻，就是糊涂，就是天真，就是愚蠢，并不容易，那不就等于是全盘认输了吗？

于是，就将这份内疚，转化成让孩子考上一个好高中的紧迫感，得，她是解脱了，可孩子呢？

孩子却在考学之外，又背上了母亲的自我惩罚。

她急躁、猛烈甚至粗暴的做法，对孩子是极不公平，也不正确的。因为情绪，正像很多心理学家所说，是会传染的，尤其是在父母和孩子之间。她的着急和恐惧，正像三年前的心不在焉一样，孩子也能察觉得到。她会觉得受到了不公的待遇，之前为什么长时间不管不问，现在却要求我一夜之间，考出好成绩来?

其实每个为人父母的人，可能很少有回首往事的时候，能理直气壮地说:"在对孩子的问题上，我没有做错过一丁点。"

即便一生尽责的父母，也都会有歉疚、懊恼、时光不再的汗颜。

他会告诉你，如果女儿小的时候，他经济条件能再好一点，一定会给他吃最好的奶粉。

她会告诉你，孩子两岁那次磕破了头，留下了疤，就因为她马虎了，没有看住。

他会告诉你，孩子七岁到十六岁这段成长的最重要时间，他却忙于工作，忽略了家庭，六十岁后，他才意识到，自己失去了人生中多么珍贵的东西。

她会告诉你，一直以为给孩子吃饱穿暖，就是爱了，却没有想到，他三十岁后，性格越来越孤僻，原因竟是她和孩子交流太少……

在爱这个字眼里，本身就含有歉疚。总觉得没有对他尽心尽力，总觉得对他还不够好，这其实都是正常的。

一个人，承认错误，不怪罪别人，甚至不责难自己的成长经历，才是一种成熟的象征。在孩子成长的道路上，为他投下阳光，将快乐勇敢的情绪带给他，使其不灰心丧气，在绝望的时候，能产生信心，这是一个成熟的母亲最需要做的事情，它比考上重点高中、重点大学，或是找到一个什么了不起的工作，都要重要。

离婚和隆胸

——自信源于内心，而不是外在的人和事

有女性刊物，做了这样一个小调查：离婚在即，最想做的事情，会是什么？

结果是，居然有不少的女人，会选择隆胸。

至于罩杯的大小，C、D居多，E杯的，也不在少数。

原因很多，希望自己能更漂亮，更性感，还有人说，即便真的离了婚，靠着这对豪乳，就不怕找不到更好的男人。

总之一句话，离婚，给很多女性带来了不自信。相貌或身材上的改变，是建立自信的最快途径。

按理说，容貌的形成，并不是一天一夜的问题。一个人长成什么样子，从出生时就早有定论，随着年龄渐长，外貌已成机体中的一个部分，如同肝脾肾脏，只要存在，就有意义。

艺人的美貌，是和饭碗有直接关系的，所以很少会有演员不在乎自己的容貌和身材。但纵是如此，女演员过了三十岁，内涵就要尽快接手。她需要通过更多的相貌平平的角色，来证明自己的实力。

女演员们的转型，是不是本身就在告诉着女人们一些什么道理？

如果，渴望整容，或是隆胸，仅仅是因为对方想要离婚，那么，婚姻，是不是在很多女人的内心中，已成为衡量自身价值的唯一标准？

有了它，就意味着自信、幸福，或是人生有价值；失去了它，就没有了自信，没有了幸福，人生也没有了价值？

这样的说法，可能依然经不起推敲。

首先，自信主要来自内心。否则就不叫自信，而是叫泰国前总理——"他信"了。

将自信依托于外界的人和事，既不客观，也不扎实，本身就是一桩不可靠的事儿。婚姻会解体，配偶会离开，朋友会失散，父母会去世，工作会变化，连信仰都会动摇……何况小小的肉毒杆菌和硅胶呢？

即便是高科技，外加大把金钱，也还有一个因素，那是任是谁也对抗不起的——时间。

新陈代谢，是宇宙规律，时间一长，皱纹还是会回来，乳房还是会下垂，无论肉毒杆菌还是硅胶，都没法补救，到那时，再用什么来证明自我价值呢？

如果，被一种奇怪的外力所驱赶着，靠一个不切实际的幻想，重新建立自信，甚至不顾他人的感受——这不是在克服自卑，而只是陷入了更加深刻的不自信。

渴望留住婚姻，或者即便失去了婚姻，下段婚姻也最好能让人无比眼红，这都没有什么。但一段好婚姻的经营，肯定不是一对 E 罩杯的胸，就可以大包大揽的。男人看女人好或不好，不会只看胸大胸小，正如女人评判男人，那东西的尺寸也不是唯一的标准。

当然，一些微整，现在渐渐成为流行，但隆胸，无论如何，却都是个系统的工程，对人的生理和心理的挑战都极大，它需要做一些前期的心理准备工作。比方不会在夜深人静时，感到惶惑，不会

担心被人指责，甚至不怕身体上的排斥，等等。

如果仅仅寄希望于它能拯救婚姻，是否太过天真？

隆胸所带来的惊涛骇浪，可能并不亚于一场离婚。当所有的自信，都来自一对豪乳时，那么它要多大，才能撑得住这日复一日的人生？

同居和试婚

——不靠谱的不是事件本身，而是双方态度

貌似最近有很多研究，都在说同居不大可靠。

这个不可靠，并不是指同居本身，而是针对日后还想结婚的两个人来说的。

如果不想结婚，只是愿意这么住在一起，彼此有更多了解，却无需更多责任和义务，而且，对一纸婚书，也不那么渴望，那么同居，应该也算是不错的选择吧。

可是，还是有很多人间遗憾。网友竹子和一男子同居五年后，突然被对方告之要结婚了。然而新娘却不是她，而是他才认识不久的一个女人。她怎么也无法接受这个事实，觉得被抛弃了，甚至比婚姻中的弃妇，更可怜可悲。

但这样的结局，其实一开始，就显现了吧。

同居五年而不结婚，说明在他心里，她是个很好的同居女友，而并不是最合适的结婚伴侣。

他已经认为她接受了不要婚姻的事实，或者，他一直在用同居

的方式告诉着她："我只想与你同居，而不是与你结婚。"

这期间，她并没有表示出离愤怒，或是无法接受，而是欣欣然地继续与他住在一起，吃在一起。那么他为什么还要结婚呢？他们注定了只是同居关系，而不是夫妻关系。想太多，那只是竹子的一厢情愿罢了。

如果硬要安上一个好听的词语，我们会把同居叫做试婚，既然是试验，就要允许失败嘛。

结婚和同居根本就是两码事，有研究表明，同居的男女，即便日后结婚，离婚率也比未同居者高出三分之一。

为什么会这样？

因为婚前同居的人，本身对这段关系，就抱着一种"不一定要永远下去"的心态，所以，才会想先住在一起试试看。正因为有如此不够坚定的想法，所以遇到问题时，才很容易就冒出"不合适就拉倒"的念头。

换句话说，同居的男女，在一开始，对分手就已有一个预期。

五年前，竹子应该也有类似的想法，所以对婚姻并没有太大的把握，才同意先同居住在一起。

既然一开始并不是冲着婚姻去的，中途又没有坚定地表明自己的立场，这个时候，又有什么好埋怨的呢？

幸好只有五年，而不是十年十五年，用五年来明白一个道理，在漫长的人生道路上，并不吃亏。学会从挫折中寻到道理，才有可能找到幸福。

这么想也许志短，但谁让她同居时间太长，错过了有款有型的年龄呢？

大隐隐于性

——欲望是把双刃剑，天堂地狱一念间

跟他离婚后，他有了别的女友，她也交往了其他男人。但床上的感觉，却一直不好。他是肯在这上面用心的男人，结婚那些年，虽然感情不和，可性生活却和谐得要命。

孤独落寞之余，她忍不住还是会想到他。

一年后，两人重新又在一起，彼此都知道，只是为了解决床上问题。而且，他的牺牲似乎更大一些，毕竟，照顾她的感受更多。

各自，依然还有各自的生活。

时间渐长，她又回到离婚前的那种状态，情绪极不稳定。

到底是哪里出了问题？

那个长相怪怪的伍迪·艾伦，在他和养女的关系曝光后说了这么一句话："我爱她的时候，她是女人，不是我的养女。"

她的处境，或许和当年的伍迪·艾伦相似，也可以这么说："我和他上床的时候，他是男人，不是我的前夫。"

的确，性欲，很容易使人回复到最原始、最简单的状态。

用纯粹的两性吸引，来为自己的行为辩解，可能最直接、最简单，但也够无奈，因为没有谁真的能满足于此。

毕竟都是感情动物，单纯的肉体快感，搞不好带来的负面情绪更多。真的有性无爱就可以了吗，真的能做到苟且偷欢一身轻？

虽说肉体的欢娱，自己享受最重要，又不是演给别人看的，自己乐意就行了，但现在看起来，她却并不怎么乐意。

性生活越和谐，会不会就越是说明了点别的什么？一次两次，心里还能偷着乐，待到回床率越来越高，即便她不想别的，别的也会自己找上门来呀。

兴奋过后，曾经的伤痕，会不会口子更大了一些？

渐渐地，性的快乐，就开始打折扣了。以前吃的那些苦头，似乎也全都白吃了。

性有它独立的一面，能在一个瞬间，送人上天堂。但它也有翻脸不认人的另一面，再一个瞬间，就能送人入地狱。

性和情爱、好感或是感觉等感情因素联系在一起，才能像花朵一样，散发出一点点香气来。一个男人，或是女人，爱好性没有什么错，但堂而皇之地，非要把性摆在感情前面，就会成一种伤害了。

虽然现在关于性的观念，花样百出，但它依然是衡量爱情的一个精确标准。它是两个相爱的人最本质、最真实、最快乐的表达。

有性有爱，才是让人维持生理和心理的平衡的充分条件，就像小鸟的一对翅膀，少了任何一只，都无法飞跃，只能在泥沼里挣扎。

他频繁的回床率，说明他也得到了一些安全感和满足感，小隐隐于床，大隐隐于性，那些真实的、深藏的、他们自己也未曾触摸过的东西，也许，经过交流，反而能带着他们，回到安宁的起点吧。

当然，努力过后，一切依然原地踏步，那就需要考虑一下，离婚不离床，是否只会成为更大的伤害，不仅对她，对他也是一样。

选择再婚还是孩子

——心中有爱，才能支持灵魂行走

有很多不幸的朋友向我诉苦。

如果，有这样一个男人，要跟你住在一起，分享你一半的床，一半的空间，还有你大半的工资；吃你为他做的饭，穿你为他熨烫的衣服；他的亲戚朋友，你要招呼；他工作上有了烦恼，你要分担；他老了病了，你要照顾；他的坏脾气，你要容忍；他的小心眼，你得假装看不见；他不清不白的过去，你得全盘接受……

如果有这样一个男人，如同狮群新来的公狮，对母狮做的第一件事，就是赶尽杀绝前狮王所生的小狮子，或是像《哈姆雷特》里的新国王，迫不及待地要将继子撵出视线……

如果有这样一个男人，口口声声说要娶你，和你结婚，唯一的条件，就是不要看见你的孩子。你是该将他当做终身依托呢，还是看做仇人呢？

离异后的女人，因为带着孩子，尤其是儿子，便不好再嫁，有这样想法的人并不在少数，但离婚后，将孩子坚决留在身边的女人，还有更多。

不是她们不会替自己打算，而是深深知道，失去了婚姻，还要失去孩子，即便再婚的诱惑再大，也不值得。

确实，有人会开列出离异后带孩子的种种困难，几乎将身边有孩子作为不能再婚的唯一障碍。比方女孩，十岁以下会怎样，十岁以上又会怎样，男孩五岁以下怎样，五岁以上怎样。再婚后孩子的教育，要花多少钱，继父又能从中得到多少实惠……

嗯，这哪里是在谈再婚？实在是太像谈生意了。会算计的人这么多，难怪世上会有女人挑来挑去，觉得做二奶才最划算，或有母亲算来算去，觉得放弃孩子，才是上上之策。

如此谋求私欲的再婚，封闭了爱的可能性，还不能让当事人在其中得到更多的幸福，真不知道何乐之有？

人生有很多个时候，会像是在山林中面对分岔路口。不知向哪条路走下去，风景会更精彩，这个时候，我们常常会随机作出选择，放弃其中的一条，享受正在走的那一条路。

因为，错乱纠结的绳，必有两头，盘眠的长蛇，必有首尾。心思细腻的人，站在分岔路口，总会知道，无论走哪条路，都有它的归宿和结局。即便将自己剖成两半，痛死，悔死，累死，一半去走一条路，分岔之后，还是会有分岔……

是选择再婚，还是离异后带孩子在身边？

在我看来，这里并没有绝对的答案。见过很多带孩子的女人再婚的，也见过离婚后不要孩子的女人再婚后又离婚的。

有些人习惯于看到眼前的便宜，吃了再说。但更多人会看到一生的总体意义。

如同对待一朵花，播种，灌溉，施肥，除虫……因为有这些过程，你才会体会到花的美丽和尊贵。可偏偏有人见到花，冒出的第一个念头却是"它值五块钱"。

这样苍白贫弱的灵魂，即便再婚，又能怎样？

一个受过伤，失去过爱的女人，比一般的女人，应更懂得爱与被爱，更懂得爱当中深含的牺牲和责任。

带着孩子的单身母亲，是上天送给孩子的守护天使，她们因义而行义，因爱而布爱，让我们看到了人性中的光辉，亲情中的不离不弃，给我们的生活以希望，给心灵受伤的孩子以抚慰。我们应该体谅她们，关心她们，尊重她们，支持她们，敬仰她们。

何必说三道四，指手画脚，竟给出些放弃孩子的馊主意？

不，如果，你恰好是一个单身母亲，身边带着孩子，遇到了另一个男人，他想与你结婚，可是条件是不要你的孩子。那么你应该知道，这是一个失去过爱，却依然不懂爱是什么的男人。

即便婚后，你为他做了无数的事情，一遇到困难，他依然会离你而去。如此的男人，根本不值得你去爱，更别提跟他走进婚姻了。

生育还是升职

——只要肯努力，就有出头的一天

在经济紧张和通货膨胀时期，职场女性流行的话题成了怀孕生育，和经济发热时，人人都撸袖上阵、婚期和孕期拖了又拖，大大不同。

现代女性，大都受过高等教育，出来做事许多年，早已学会苦苦忍让，上司不公、同侪倾轧、是非口舌，统统可以化为苦衷，藏在肚里，忍得一身病，要将皇帝拉下马。目的只有一条：保住饭碗。

可见女人要独立的决心之宏大，也可见这个时代，女人内心的安全感之渺小。

"感情可以去了再来，但经济却非得细水长流不可。"

"世上可靠的人事不多，工作为第一选择。"

"社会动荡，利害须细细衡量，最重要的是为自己思量。"

"人生困境，兵来将挡，水来土掩。"

"结婚、生育、升职，哪样不要精心策划？"

……

竞争时代的年轻女子，人人心里都有一本活命宝典，无需女性杂志谆谆教诲，讲出任何一句来，都足够醍醐灌顶。

但前提却是不能退缩，尤不能怀侥幸心理。此种心态一出，多年职场辛苦，就得大打折扣。担心饭碗不保，尽快怀孕？不，这样的事，须仔细斟酌，如果老板厚道，即便早几年怀孕，也不会失去什么。若是战战兢兢一直不敢怀孕，经济萧条了却拖儿带女，还指望老板肯怜恤于你，会不会对人性美也寄予太多厚望了？

仿佛面对失婚的女子，对无情丈夫大打可怜牌，又仿佛怕坐牢妇女，迟迟不肯结束哺乳期，看起来是权宜之计，其实只算苟延残喘，拖一日算一日。日后这账还得一笔一笔清算，虽说自古劳资势不两立，但危急关头，老板看到员工不顾大局，乱上添乱，心里会怎么想？

世上大抵没有免费的午餐，总要用一种方式去偿还。兵荒马乱，生发一点奇思妙想，在所难免，但生孩子，着实不是小事。如能经济宽裕，事业稳定，加上感情牢固、身心俱佳，不是最好？

何苦要挟持宝宝，出此下策？

一来，老板若不肯怜恤时，宁可补偿一点金钱，远远打发，也不会等你产假休完，疲惫不堪地来上班。经济形势如几年内难以扭转，加上孩子拖累，出头不是难上加难？

二来，此时怀孕，目的性太强，大有存心要挟之意，即便不能辞工，留下印象已坏。日后升职加薪，至少上司会斟酌再三吧。

三来，老板自己泥菩萨过江，自身难保。怀孕？怀孕最好，趁早走人。

古人有名言：达则兼济天下，穷则独善其身。

境况好时，可以四面出击，美酒佳肴，统统吃遍也无妨，游山玩水，帮朋助友，还可以叫嚣人生精彩每一天。但境遇窘迫，守本分则为上上策，青菜淡饭，明哲保身最重要。

经济大潮，总是潮起潮落，每一轮退潮，都会剩下几个跑不动的奄奄待毙。能跑得动的，大多是手脚利落、眼明手快的，谁又见过几个孕妇？

怕被辞退，快速造人，并非明智之举。对自己，对宝宝，都有不公之嫌。此情此景，卖力工作最重要。当然，也需看清形势，若确定会被裁员，稳下心来，或找新的工作，或给自己三年时间，怀孕生子，只当享受人生乐趣。

庄敬自强，不找被人怜恤的借口，对工作如是，对婚姻情感，也是一样。现代社会，男女同工同酬，只要肯努力，都有出头的那一天。何苦山雨欲来，便尽显弱势？

重逢势利眼

——相逢一笑泯恩仇，宽容处之是高境

有个叫小沁的女孩谈了一个男朋友。大前年，男友的父母主动提出，让他们先订婚，还要为两人买套房子。没有料到，就在这时，小沁的父亲被双规，查出了经济问题，母亲突然中风。家境大变，困难之时，她渴望着男友能助自己一臂之力。没有想到，男友为难地告诉她说，他父母不愿意和她家有任何牵扯，他不能违背父母之意，所以选择分手。

随后几年，小沁经历了一生中最艰难的时刻。因为工作是父亲安排的，所以在原单位也干不下去了，她一咬牙，将母亲交给小姨，跑去河北做销售。

功夫不负有心人，她不要命地工作得到了回报。去年做了销售经理，父亲也从狱中出来了。他利用以前的老关系，为她的生意找到了一个更大的窗口。现在她守在家门口就可以赚到不少钱。

可笑的是，这么几年后，小沁再次见到了前男友，而且和他在工作上还有业务来往。前男友有求于她，自然态度大变，不仅多次找她叙旧，还婉转表示痛悔——他已经结婚了，刚一年。又说妻子并不理解他，言下之意，似乎还想与她做点什么。

小沁茫然，恨他当年的薄情寡义，又难舍他现在的巴结逢迎，总想使出点手段，让他再爱上自己，然后甩掉他，让他也尝尝痛苦

的滋味。

这样做，可以吗？她来信问我。

其实小沁遭遇的，不过是一个人间冷暖的老故事，任何人在这一生中都会碰到，只是大部分人，因为没有牵扯到情场，所以要爽利很多。

或一走了之，或勉强应对。即便再次拉上关系，也不过是有生意要做，对付势利小人，最用不着的，就是惆怅迷茫，或爱恨交织。

人只有落魄时，才能看到世界真正的样子。很多熟悉的面孔，都会变得奇怪起来，待到名利双收后，相同的鼻眼，又忽然和善起来。这中间原因复杂，除了对方势利，也与自己心态不同大有关系。

但事后，每个当事人的做法，却着实大有不同。

当事人如果个性比较幽默，会认为，当初挨尽白眼，现在有人巴结上来，还拒绝青睐，那不是完全蚀了本？不妥不妥，来者不拒，吹捧之外，最好一并带来礼物金钱，才更让人爽快。

个性耿介的会想，这口气怎能咽得下，谁叫你青面獠牙，落井下石，予人重创之后，又装作好人来讨要笑脸，才不会再跟他称兄道弟呢，再巴结再奉承，也无福消受，还是退避三舍吧！

这两种状况，其实都好做到，也算是人之常情，无论是说还是做，都能被人理解。

最难做的，应该就是报复了吧？

明知对方人品低下，还要去纠缠，还想挽回面子，让对方为过去之事感到后悔。若他真会后悔，就怕见你都没有勇气了呢。

他敢重新上门，堂而皇之再说好话，不过说明其本性确实势利而已。

最糊涂的，莫过于要他真心诚意再次爱上自己，哎，就算真的爱上了，又能怎样？下次你倒霉，他还不是一样会伸脚去踩？

经历过人生沧桑之后，对人对事，更需要平常心。

不和自己过不去，也不和别人过不去，哪怕他曾伤害过你。

他奉承或念旧，不必当真，因为你已知道他有所图，在自己利益有保障的前提下，彼此做做生意也无妨。生命无常，时间宝贵，哪里有那么多精力，花费在一个势利小人身上？如果同样打击报复，自己不也成了这样的小人？

还是要赚钱，还是要上进，更要考虑自己的感情归宿，好不容易才站起来了，不做无用之事，才是千金难求呀。

接骨之痛

——过往的疼痛会留伤，美好的现在要珍惜

谁都喜欢这样的感情，两小无猜，青梅竹马，再到珠联璧合，白头到老。与人说起来，也是恩爱一生，从不吵架。

可世上真有如此完美的感情吗，那只是童话里的传说吧，即便一种感情，从没有经过波折、怀疑或不安，也会有倦怠淡漠和单调吧。

天地万物，从来不曾有过十全十美、一成不变，苦中作乐或苦尽甘来，才是正常状态，而且也可以生活得非常愉快。

可是，人对完美情感的要求，却总是层出不穷。纵是破镜重圆，也忍不住会有多多遗憾。

三年前，阿美的丈夫有了外遇，是个年轻女孩，她断然离家。这期间，阿美也开始交往新的男友，直到遇见了一个很好的男人，到谈婚论嫁时，她才意识到，最难割舍的还是自己的老公。这时前夫也离开了那个女孩，他也希望和阿美重新开始。于是，两人像情人一样，约会、打电话、一起出游，双方都充满了极大的热情，甚至比谈恋爱时更浓烈。两个月前，两人终于重新住在了一起，孩子当然非常高兴，一家三口算是正式团圆了。

可如此来之不易的感情，却在复合后，充满了不安和疑虑。某个晚上，丈夫突然接到一个电话，竟匆匆跑到阳台上去听。阿美心痛难耐，无数的伤害、欺骗、吵架、寂寞，全都再次浮上心头。她突然意识到，即便重合，也都是假的，两个人再也无法回到从前了。

这道阴影，立刻成了击落完美神话的重箭，她开始怨恨丈夫，如果没有他的变心，他们的婚姻，该是多么完美。

阿美如此埋怨，真是自寻烦恼。

人到了一定的年龄，有了一定的经历后，身边就会出现一些或老或旧的人与事，不是不能替代，也不是没有可以替代的，而是此人懂得了珍惜二字。

有更新更好，能负担得起的，也不想更换。

只有少年壮志的年轻人，才会对略旧、略陈、略过时、略不顺手的人或事，立时鄙夷，弃之不顾。

失而复得，并不是人人都有的福气，一段情感，有过离隙，有过伤害，有过各自的情史，却还能牵手再来，这中间，非得有大谅解、大辛苦、大输赢、大风度不可。说明彼此也经过了深思熟虑，至少还有真感情在里面。

既然奔着珍惜的目的而来，又何必计较路有裂隙？

情感之事，真是狷介不得。抚平旧伤，自是一道大工程，最要不得的是再添新疤。

韩国有个电影，《六年之痒》，讲述的就是一对复合男女的故事，结尾的旁白说："有人说，断了的骨头接起来会更牢，我们的关系会更牢固吗？"

如果说，分手就像骨头断掉那么疼痛，那么，复合就好似骨头重新接起来。

接好的骨头，即便再结实、再天衣无缝，可一遇到阴天或雨天，还是会隐隐作痛。

有痛并不可怕，或许还是好事。和我们生命中无数疼痛的往事一样，它都会成为日后生活中的贴心提示：既是失而复得，更要好好珍惜；不想骨头再断，那就好好保护。

欺骗，只因有资本

——谎言成了鸦片，一次次欺骗就会蚕食幸福

有一种人，好像天生就对两性之间的忠诚，没有什么特别的概念。他（她）总是可以同时和几个异性保持暧昧的关系，而且处理得游刃有余，让不少动不动就为爱情抓狂，对爱情专一到歇斯底里的人大感艳羡，为什么，他（她）就可以做到这么潇洒呢？

这样的人，如果是搞艺术的，比方诗人、画家、演员，往往是

可以得到人们最大限度的理解的。我们听过很多类似的故事，他们在妻子或丈夫之外，总是不停地和异性发展着新的关系，有时候，他们可能会骗骗伴侣，有时候，连欺骗都觉得没有必要。

他们的风流故事，刚发生时叫绯闻，时间长点就成了佳话。如同上帝总会给弱智的人一些为所欲为的福利一样，只要人们和艺术沾了点边，就能有这个特权。

俄罗斯女诗人茨维塔耶娃是个极端而典型的例子。在她31年的婚姻生活中，她有过无数次惊天动地的爱情，而且正是靠着这些转瞬即逝的爱情，维持着她的写作激情。萨冈也该算是一个有代表性的人物吧，即便在短暂的婚姻中，她也一直有着数量不等的暧昧男友，而且她在他们的面前，总能制造出爱对方更多一点的假象来。

这似乎是个有趣的现象，为什么人们在有了一份爱后，忍不住还要发展出更多的爱来；出了一次轨，忍不住还要出N次的轨？

如果用简单一句"吃着碗里的还看着锅里的"，当然可以解释。但一次又一次理直气壮地欺骗另一个人，底气又在哪里呢？

在日常生活中，我们看到更多的故事是，丈夫或妻子在外面有了情人，要维持安定团结，当然就要编造谎言，谎言这个东西，有点像鸦片，很容易就让人说上了瘾。于是，欺骗就成了婚姻生活中很重要的一个内容。

让我们放下欺骗带来的其他性质暂且不说，只说说为什么有人总是会一次次地欺骗对方，又为什么总是会有人一次次地被骗吧。

前不久，在电台听到一次对话，大家对一个爱上有妇之夫的女孩子说，她首先应该感谢那个男人的妻子，因为如果不是她给了他稳定幸福的家庭，他哪里还会有让其他女人欣赏不已的自信、从容和气度？他和这个女孩子的感情，又哪里会像现在这么激情澎湃感天动地？

失去了一份有保障的幸福感，是绝对不会再有那份闲情逸致，有气度有心境地和另一个人爱得温暖缠绵，又进退自如的。他要么会死死纠缠，先占住一个"茅坑"再说；要么如丧家之犬，心神不宁地游走在若干"骨头"之间。

一个人，之所以敢欺骗或不停地制造欺骗，先决条件，是得拥有幸福的资本。

我们才总是看到，受骗的，就总是被骗；骗人的，则总是骗人。原来，这也是一种般配呢。

所以，我们一般可以这样肯定，只要你身后有一个比较死心塌爱你的人，你就可以放心出轨了。

人是一棵倒长的树

——千辛万苦之后，才找到逆流人生的真谛

在自然界里，鲑鱼是人们最熟悉的逆流动物。每年产卵，它都要千方百计地游向出生地——那条陆地上的河流。路上会遇到很多的困难，几乎可以说是一条充满血腥的回家之路，除了艰辛的逆流而上，还有等在河边想饱餐一顿的灰熊、数以万计的鱼雕。在路上，鲑鱼几乎要耗尽所有的能量和储备的脂肪，然后，它们将完成它们生命中最重要的事情，谈恋爱，结婚，生子，最后，安详地走向死亡。

还有一种动物，叫绿毛龟，虽然常年遨游于海洋之上，可一到繁殖季节，即便远在千里之外，也会回到它们出生的地点。

南极的帝企鹅，每到交配季节，就会成群结队，由天性和南十字星座引导，向自己的出生地准确无误地前进。

当秋天的凉风吹起的时候，食米鸟就离开夏季加拿大的家，飞往阿根廷的冬之巢。这段路有 4800～8000 公里之遥。

座头鲸在极地附近度过夏天，秋季水温下降时返回赤道。

甚至，成千上万的王斑蝶每年飞 3200 公里，从美国和加拿大的繁殖地到墨西哥中部山区，而它们是前一年春天从墨西哥飞回的那群蝶的孙子！

……

这些动物，无疑都在讲述着一个古老的生命法则：生命的每一次新生，都是需要追溯的。而且这个追溯，除了辛苦，还隐含着态度与品质。天鹅可以在八九千米的天空中展翅十多个小时，比起普通鸟类的四五十米，如同奇迹。但当它在水面上落下时，却总是温和而谦卑地弯着头颈。它告诉了我们做人的另一层道理：走得越远，飞得越高，眼界越是开阔，回望来路时，越是没有骄傲的理由。

动物的故事，总是如此简单朴素。它们保留了古老物种的生物本能，保留了人类正在遗忘和忽视的某种技巧。现在的草原牧民，也很少再年年迁徙，残留在人身上迁徙的本能，大多只是一些记忆的虚线了。

如童话所言，孩子洒落一路的石子，找回密林中的家，我们则凭此虚线，回望走过的旅途。在回忆、反省、藏匿、负重等心理状态上，动物的回家，为人类展示了通俗易懂、形象生动的画面。

　　好久以前，我曾对朋友感慨，人的一生可能十二岁就过完了，以后延续的，不过是我们未解的疑问而已。后来看到比利时作家弗郎兹·海仑斯说的话："人的童年提出了整个一生的问题，但找到问题的答案，却需要等到成年。"惊喜又感动，这样的话，和动物一次次回到出生地，真是异曲同工啊。

　　有个女朋友，在电话里对我说，自己开始写回忆录了。"不知道怎么的，就要想起童年的事情来。我相信现在的我，的确跟童年大有关系。"我开玩笑："完了，你老了。"其实她一点也不老，只是生命中碰到了难题。

　　我理解她的变化，知道这份思考，必定是一次新生的需要。因为很多事情，仅仅依靠生命本身的成长，根本是无法完成的，在自然界，甚至非得要死亡的参与，才能成就其存在的意义。《新约》里说："一粒种子若不死在地里，就永远是一粒；只有死在地里，才变成无数。"于人类而言，这种死亡则比如废墟，比如回忆。重温过去，学会反省，就包含着再生的希望和可能，它会使生命转化为更加隽永与纯粹的形式。

　　从这个角度讲，我喜欢将人生比喻成一棵普通的倒长的树，虽然枝条很多，根却只有一个；虽然一切都在消失，记忆却在指明着来路；虽然一次千辛万苦的逆流之后，我们找到了某个问题的答案，上帝却又转眼将原来的谜底，变成了崭新的谜面。

　　而最终回归内心的生活方式，正是人生这棵树隐秘生出的根须，它们暗自向上生长，充满了不可视的悬念。我们的人生如此，我们的婚姻同样如此，要经常回味反省一下，记得过去的美妙，就有未来的憧憬。

生命在于简单

——简单是一种能力，也是一种智慧

法布尔一生，用三十年的时间写了他的代表作品《昆虫记》，同时还记录了大量其他动物的生活笔记。

那些蚂蚁、蜘蛛、胡蜂、飞鸟、鹅、鸭、猪、牛、狗，在他的笔下，既有血肉相亲的情谊，也有反目为仇的愤怒，往往能引起读者特别的共鸣。很多人都认为，除了对动物本身的热爱外，法布尔描述的动物故事，其实也表达着人类最适合生存的自然法则。

之所以这么说，是因为他生活的时代，正是"进化论"被追捧之时。

摆脱了千百年来神造人的束缚，思想界非常热衷于人类"进化"所带来的快感。

一时间，顺从本能传统似乎成了愚笨的代名词，进步飞跃创新，则成了做人处世的标准。

喧哗骚动中，法布尔却以平和的心境，用娓娓道来的方式，向人类传达着朴素而深刻的生命知识。

每一种动物，都有它令人赞叹的智能，或均衡或完善的生存法则。而这些法则，无一例外地，都只有一个共同点：简到极致、毫不夸大。

燕子、蜘蛛和百灵鸟，都有着精巧严谨、自成系统的生灵法则。

泥蜂之类的幼小昆虫，千万年来，靠着天赋的自我保存本能，生活得悠然自得，简单充实，而不是相反，急着去变形或进化。

甚至所谓强者生存，也未尽然。胡蜂中的雄性，完成交配后，就主动死掉了。如果说这是因为它再无用处了的话，为什么强壮的雌蜂，生育孩子后，也会在春天来临之前，悄悄死去呢？原来这是胡蜂主动控制繁殖数量的一种手段，它们并不愿意在世界上制造一个庞大的种群，因为它们知道，那只会给自身带来灾害。

至于生活中的常识，动物们都有无师自通、凭借本能便能展开行动的本事。为了克服空气阻力，鸟类在高空飞翔时，都会将颈部贴紧胸部，并拢双脚伸向后边，然后，将嘴当做楔子穿破空气流。它们认识世界的方式，就是这样简单，仅仅凭借生存的需要，便足够了。

但也有很多动物和植物，不仅仅满足于食物和阳光，它们和人类一样，拥有更多的精神需要，而赢得这些需要的方法，依然简单而直白。

在北美沙漠寸草难生的地方，有一种叫银莲花的植物，每年4月，都会盛开。促使它们留在沙砾上，必然是有其原因的。因为它并不比其他植物更强大，留下来，只是它能在4月的阳光下毫无障碍地绽放。为了这个单独绽放的特权，它们愿意忍受雪、冰雹、刺骨的寒冷和漫长的干旱。

还有些植物，并不向世界要求肥沃，而只是要求空间。有种娇小的植物，叫柳穿鱼，除非它在你的脚下，否则你根本看不见它们。

知道鹬为什么喜欢在沙地上筑巢吗，毕竟肥沃的土地上，才会有更多的蚯蚓啊。可见，它的偏好并不是在食物这样的俗事上。原

来，它只是喜欢自己张开翅膀时，带动沙粒发出的悦耳的砰擦声。

太多太多的生命故事，给了我们惊喜和启示。

幸好人类终有在自身成果面前迷茫无措的时候，法布尔多年前描述的去繁就简的生存法则，无疑是人类自我发热的一剂清醒药。

我们在千百万年的"进化"过程中，背负了太多的担子，积攒了太多的欲望，沾染了太多的污秽浊气，学会了太多的心口不一……渐渐地，我们把自己的生活，搞得复杂不堪，负累难耐。

什么都想要，功名利禄、荣华富贵，还有健康长寿、亲人美满，哪一样不得满足，就会烦躁痛苦。谁拥有胡蜂的勇气呢，不喜欢累赘和多余，连生命都可以扔掉。谁又能像柳穿鱼那样自信呢，只要有一个能立足的空间，就能心安理得地灿烂生长。

我们做任何事，都会不由自主地考虑太多的利益均衡，别人会怎么说，未来怎么办……唯独忘记了自己内心最渴望拥有的那一点。于是日复一日地纠缠在无谓的人、事中，盘算怎样才能方方面面都摆平，既不吃亏，又能出人头地。却没有想到，银莲花和鹬，早已走在了我们的前面。

简单是一种能力，也是一种智慧。并不是每个人都可以随随便便拥有的。它尊崇朴素、理智、从容、克制、淡定和谦卑。它是上帝赋予地球每一个生命的能力，但却不是每一个生命都能真正地把握。

有太多的人，喜欢将事情复杂化，自以为可以显出聪明或为人处世的周到。其实动物早已告诉我们，越是复杂的事情，越需要用简单的方式去处理，反而会有意想不到的惊喜。

动物比人更好地尊重着"简单"这个自然法则，它们全部的力量，只是恰到好处地去支撑生命的需要，即使有一些耀人的资本，也会被控制在一个安全的限度之内。我们无法想象，蚂蚁如果有人的身高，依它的坚硬体魄和牙齿，谁还敢对它视若无睹？如果一只能斜跳9米的老虎，拥有了人类的欲望，地球将会成为怎样的血腥战场。正是它们，满足于简单的生活、婚恋和劳作，才给自己和其他生命，带来更多的生存空间。

当自然界的生命，给我们如此生动的启发时，我们是否能够尊重自然的法则，选择越来越简单的生活方式和心灵走向？

穿布衣，吃素菜，节能，健身，读书，喜清净，不炫耀，不攀比，不虚伪，不自得，不矜持，不哗众取宠，不呼朋唤友，不左右逢源……

你的心中，一定会涌起奇妙的勇气和力量，你不再会因外界纷繁多变的标准而无所适从、心烦意乱；而是只凭内心最朴实的喜好，宁静地生活。

因为简单，所以勇敢；生命的意义，在于简单。这是法布尔的昆虫们给我们的祝福，更是飞鸟或花草带给我们的想象和希望。也是身为大自然的一分子，人类所能做出的既有力、又合理的选择。

事缓则圆

——有缺点，才能保持人生的新鲜动力

作家董桥，初到香港谋生时，已近中年，拖儿带女，人生地疏，磕绊困顿之际，有朋友宽慰他说：事缓则圆。

这四个字，当遇到难事时，很容易进入人心。

不明白的人，不要去琢磨了，缓一缓，自会明白。

想不通的事，不要去想了，缓一缓，自会想通。

理不顺的情，不要去理了，缓一缓，自会理顺。

这一明，一通，一顺，其实就是圆了。

中国人做事，爱讲究圆。圆浑，圆通，圆顺……圆，意味着好，意味着熟，意味着美，还意味着快乐。所以，人人都觉得圆才是最好的，不缺失，很完美，还周全。在我们的脑子里，事要做圆满，人要做圆滑。举手投足，人情世故，亲朋友情，最好方方面面都能照顾到。否则，这个人就不成熟，自己遗憾，旁人质疑，事后追悔莫及。

其实做人做事圆不圆，并没有那么严重。让人生圆得慢一点，缓一点，留那么一些缺憾和不快，也许还能享受到更好的过程。

你看过希尔弗斯坦的《失落的一角》吗？

有一个圆，不小心掉了一小块角。它很烦恼，觉得自己总是缺了一角，不再那么完美了。于是有一天，它上路，出发去寻找那块丢失了的角。

因为它不再是一个完整的圆了，所以行走起来没有以前那样快。趔趔趄趄，磕磕碰碰，让它觉得很着急。但慢慢地，因为无法走得那么快，它开始观察周围的一些事情，那么多好玩有趣的东西，竟然是自己从前没有注意到的。

它不是圆，就可以随时站住脚，和路边的花花草草聊天，还可以和鸟儿共进午餐。它在寻找掉了的那一个角时，忘记了烦恼，而且从来也没有这样快乐过。周围的一切都是那么新奇、有趣，充满生机。

终于有一天，它找到了自己缺的那一个角，不大不小刚好装上。可是，装上这角后，它成了一个完整的圆。再行走起来，就像一阵风，不能停下来和小花小草聊天了，耳边除了呼呼的风声什么也听不到了，它感到生活一下子失去了很多欢乐。

圆，在人生的况味里，其实是有点沧桑，有点老辣，有点百毒不侵的。本该是生命终点、看破红尘的一个词，但不知何时，渐渐很平凡地被运用在了各个年龄段里。孩子要圆润，青年要周圆，成年人要圆熟。阴晴圆缺，只适宜放在天气上，人人都急着脱离自然属性，只许圆不许缺。

可世上本来是没有圆的，我们生下来，不管是心灵还是肉体，都是凹凸不平、棱角分明的；连阳光洒在地上，都满是碎末儿；我们用儿时独特天真的眼光，看到了至今难以忘怀的人和事；在不懂得圆为何物的青春，也体验过被锐利的情感穿透内心的狂喜。

生命中有点遗憾，有点缺失，做人有点笨拙，有点疏忽，才可以让我们的视野中，多一些与他人不同的选择和自由。自然界中，

那些有强大生命力的、活跃的、奇异的，往往不是圆的东西，它们尖锐、粗犷、忤逆、乖张……植物、动物、矿物、人造物体……都不是圆满和完美的。

果实倒是熟了也圆了，但也就此脱落了。

人内心的张力，往往与麻木不仁的圆无关，多会出自坚硬剧烈的对峙。质朴与诡计，平淡与深味、鲁莽与控制，精明与狡诈……我们总能在一个人的身上，看到左伸右突的尖角。一个有那么点野气、鬼气、稚气的人，比起成熟、圆滑、老到的人，要有想象力，也更惹人喜欢。原来他的缺点，就是他的特效保鲜药和防腐剂啊。

圆，是一个漫长的过程，也是一个磨去生命棱角、心性灵感的过程，用不着着急，也用不着阿Q一样去刻意描摹。

不圆满，就不要急着让它圆满；有遗憾，就善待这些遗憾吧。家庭不幸福，可工作很顺利；钱财不够多，但孩子很听话；长得不够美，但身体挺健康……哪个生命不是在缺缺补补、得得失失、遗遗弃弃中渐渐丰满的？

要紧的是了解生命，而不是判断生命。

没有过缺憾，没有过失去，没有过遗漏，没有过放弃的人，何以悟人生？

人生没有 GPS

——天下所有的路，其实只有一个方向

记忆中，有个长辈没有许多亲戚朋友，也没有很高的学问，在一家普通的研究所里，做试验员。他喜欢钓鱼，听西洋音乐，画素描，一直有做画家的梦想。

四十岁时，结了婚。原来新娘的哥哥，是他最要好的朋友，突然去世，留下半痴的妹妹。他娶她进门，只是为了能更好地照顾她。

曾经的潇洒，很快因生活的艰难破灭了。老婆身体不好，精神不稳，没有工作，还要长期吃药，加上他们又收养了一个孩子，处处都要花钱。

他剪短了头发，卖掉了摩托车、留声机、钓鱼竿。将多年画的画，全部燃掉。从此，和普通男人再无区别，专注养家，关心鸡零狗碎的事儿。

另一个男人，从老婆怀孕的那一天起，就想，一定要培养出一个不同凡响的孩子来。他为他设计了精确的人生走向。一岁背唐诗，两岁背英文，三岁识字，四岁学算术，五岁学钢琴，六岁学国际象棋，七岁学武术，八岁学书法，九岁学奥数……十四岁上大学，十九岁读博士，二十八岁做总裁，三十五岁成亿万富翁……

偏偏儿子二十岁时，得了抑郁症，离开学校，从此再也不和父母联系。

　　还有一个女友。大学毕业时，已拿到去美国读硕士的奖学金，但因为和男友热恋，不愿分开，于是选择了结婚。

　　几年后，生了儿子，却被查出有自闭症。孩子不能离开大人的照顾，她便辞去工作，在家专心带孩子。

　　丈夫很希望她能再生一个孩子，她不肯，觉得那样一来，她可能会更喜欢那个聪明漂亮的，从而冷落了生病的儿子。

　　男人生意渐渐做得好了，周围有了趋炎附势的女人。他的心思，不再放在操心的妻子和生病的孩子身上。有一天，他对她说，离婚吧，外面的女人已经怀了他的孩子。

　　妻子万万没有想到，辛辛苦苦，牺牲自己，竟会换来这样的结果。大家都说，早知道，当初大学毕业，就该出国读书。怎么的，现在也是个海归，有事业有钱财，养活自己或儿子，也不成问题。

　　看到听到这些故事，你也忍不住会像我一样感慨吧，没有谁的人生路，是可以在出发之前，设定好方位，从此便一路高速，畅通无阻地直达目的地。

　　真的，人生这辆车，没有 GPS，你确实不知道未来在哪里。

　　前面那个四十岁的男人，希望自己这辈子能自由自在，天马行空，画喜欢的画，过简单的日子，没有想到，却要在中途和另一个女人牵手同行，从此，他心甘情愿地背起十字架，负重累累地远行。

　　那位父亲本以为孩子是一张白纸，可以画最美最好的图画。只要他为他指明一条康庄大道，他就会顺着这条路到达功成名就的山顶。却在某个汇车的路口，儿子和他走散了，苍茫大地，他甚至不知道儿子去了哪里。

那位女子从热恋到结婚，她一定将人生的方向盘，对准了夫妻恩爱、家庭和美这条路。却没有想到，不幸接踵而来，道路一片模糊，车已开到了不知什么时候才能到头的羊肠小径，她的道路也越来越窄。

面对着这些暗藏玄机的岔路，他们御繁为简，终因刻骨铭心的爱，而给了自己最好的答案。

第一个男人说：如果没有娶妻养子，我哪会知道人生还有这样丰饶的景色？

第二个男人说：我看好的这条路，终不是儿子想走的路。我自己走不到那里，也就不能要求他走下去。

她说：也许那时我事业有成，家庭幸福。但我和这个儿子，又怎样相逢？

没错，虽然他们都偏离了当初设定好的位置，前行、寻找、失落、拐弯、迷茫、错位、迂回……甚至有人走上相反的道路，但他们，却都又在看来不可逆转的窘途中，正视自己和未来，开出了一条新的生路。

而这，才是所有人殊途同归的终极之地吧。正如 GPS 上的一条条河沟、高山、小路、隧道……那分明是在对我们说，走过它们，看清它们吧，天下所有的道路，其实只有一个方向，那就是：认识生命认识爱。

感谢失去

——旧的不去，新的不来

人生走到某个阶段，你会发现，你竟一直是在不停地失去。

寿命越长，失去的东西也就越多。失去了工作与事业，失去好多未完成的梦想，失去了亲人，甚至失去了吃饭走路的能力。仔细算来，两两相抵，甚至会令人怀疑，人们孜孜以求长命百岁，到底值得还是不值得。

失去童年的天真，失去青年的热情，再失去中年的豪情……到了老年，失去的就更多了：健康、相貌、勇气、财富、地位、配偶、爱情、希望、自理能力、思考能力……到最后，终于是生命，随之也失去了曾经拥有的一切。

死亡能让我们从根本上看清生命的算式：力量减去苦难，信心加上挫折，理智除以情感……最后，乘以死亡的零。

人生路上，失去的永远是最宝贵的东西，尤其生离死别，往往叫人伤痛不已。

可时间大神却不允许任何人走回头路，不住鞭挞，只要你一味向前。失去了那么多，我们也会大哭，然后继续重蹈覆辙。

失去到底是什么，在我们的人生中，它是以怎样的面目，陪伴着我们？

首先，它是一个交换的过程。我们的每一次失去，都像是用手里的红苹果，在跟上帝交换着下一个礼物。

婴儿变成了少年，他失去了无邪的眼神，换来了一个稚嫩的双肩。

少年变成了青年，他失去了天真的理想，换来了一副脆弱的翅膀。

青年变做中年，他失去了美丽强健的外表，换来了疲倦的挣扎。

中年变做了老年，他失去了家庭的热闹，换来了孤独冷清的夜晚。

因为换走了那么多值得拥有的东西，失去，也就成了生命中一个刺耳的音符。哪怕我们在某个时刻，拥有了想要的幸福，可是因为它突兀的提醒，也会不由涌出深深的哀伤。曾经拥有的熟悉的某个部分，随着成长，不可避免地失去了，这样的告别，如同自己截去了自己的一只臂膀，留下斑斑的血迹，却只能用另一只温热的手，压住残缺的伤口，送它远行。

可是，失去亦是一种必需。

没有失去，何谈得到？有得必有失，才是人生的常态。如果没有那些交换出去的天真美丽，谁又会懂得人生的况味？失去的目的，只是为了能得到最想要的东西——活得越长，失去的东西也就越多，可人为了活着，却愿意拿拥有的一切去交换。

虽然失去是人生不可抗拒的过程，是一种自然规律，我们却不愿意承认它、习惯它。只有很少的人，能心甘情愿地接受它。人们比较容易将得到看做是正常的、应该的，将失去当做不应该不正常。每一次失去，都会让我们感到委屈和伤心，还常常会下定决心，要重新获得。可事实是，一个只求得到不肯失去的人，实际上却是极脆弱的，更容易在重大失去后，一蹶不振。

失去自会带来痛苦，接受失去则令人苦涩。但拒绝了失去，也

就拒绝了新的收获和机遇，那些生机勃勃的变化、能让你重新拥有的东西，正是在失去的痛苦中绽放开来的。

可以说，人生最重要的获得，一定伴随着重大的失去。甚至可以说，如果没有蚀骨销魂的失去，你的得到也不可能足够地清醒和完整。

宗教和哲学，一贯是为人生疑问提供答案的范本。所有的哲学，毫无例外地，都会谈到挫败失利之美，很多宗教，又都会说到"布施"或与"布施"类似的词。它们告诉我们，为了习惯失去，需要主动地失去。

只有认清失去是人生的本质时，才能架起从迷惑到觉悟的第一座桥梁。

品尝得到的喜悦时，不妨也学着体会失去的滋味。会不会有那么一天，当你细数自己曾经失去的东西时，心里竟会涌上快乐和感谢？

真没有想到，曾拥有过那么多，曾是那么富足。否则，又何以失去了这么多？